Inhalt

JOHN BLOFELD

Jenseits der Götter

Auf den Spuren der Weisen –
die heitere Kunst des Lebens in der
chinesischen Mystik

GOLDMANN VERLAG

Titel der Originalausgabe: Beyond the Gods
Aus dem Englischen übertragen von Rudolf Hermstein

Made in Germany · 3/86 · 1. Auflage
Lizenzausgabe mit Genehmigung des Otto Wilhelm Barth Verlags
im Scherz Verlag, Bern und München
© 1974 by George Allen & Unwin Ltd.
© 1976 by Scherz Verlag Bern, München, Wien
für Otto Wilhelm Barth Verlag
Umschlaggestaltung: Design Team München
Druck: Elsnerdruck, Berlin
Verlagsnummer: 11769
ES · Herstellung: Sebastian Strohmaier
ISBN 3-442-11769-0

Vorwort

Die religiösen Praktiken chinesischer und tibetischer Mystiker bilden ein faszinierendes Thema, das zu weit ist und auch zu sehr in die Tiefe geht, um in einem einzigen Buch abgehandelt zu werden. Da ich einen umfassenden, streng wissenschaftlichen Bericht nicht wagen konnte, habe ich einen sehr persönlichen Weg gewählt. Als einer, den ein lebhaftes Interesse an den fernöstlichen Religionen zu ausgedehnten Reisen in China und den Grenzgebieten der Mongolei und Tibets führte, habe ich mich bemüht, einiges von dem zu schildern, was ich dort vorfand. Denn neben vielem, was nicht den Geist, sondern nur den Sinn für das Pittoreske ansprach, stieß ich auch auf manche Lehren und Praktiken, die von imponierenden Höhenflügen des menschlichen Geistes zeugten. Soweit es mir möglich war, habe ich Geschichten, die ich hörte, und persönliche Erlebnisse eingeflochten, um den Leser auf ähnliche Weise mit einer Reihe von Einsichten zu konfrontieren, wie ich sie selbst erfuhr, indem ich zufällig da und dort auf sie stieß. Der größte Teil des Buches bezieht sich auf meine Erfahrungen während der zwei Jahrzehnte unmittelbar vor der kommunistischen Revolution von 1949, die die letzten Überreste so mancher uralten Tradition hinwegfegte. Einige der Geschichten gehören einer ferneren Vergangenheit an, waren aber noch unter meinen taoistischen und buddhistischen Freunden lebendig. Ich habe mich so gut wie gar nicht mit geschichtlichen Fragen auseinandergesetzt, sondern nur mit Dingen, die ich mit eigenen Augen sah und mit eigenen Ohren hörte. So erklärt sich auch, daß der Konfuzianismus, der damals seine einzigartige Stellung als oberste Maxime der Herrscher Chinas bereits eingebüßt hatte, schlechter wegkommt, als er es wahrscheinlich verdienen würde.

Ein Vierteljahrhundert ist vergangen, seit ich zum letztenmal die hier beschriebenen Gebirgsklöster besuchte, und ich kann deshalb nicht so tun, als erinnerte ich mich noch an Einzelheiten meiner Gespräche mit zahllosen Mönchen und Eremiten, von denen einige meine Lehrer wurden; sehr deutlich aber ist mir der Inhalt ihrer Rede im Gedächtnis geblieben, so daß die Worte, die ich ihnen hier in den Mund lege, mehr oder weniger getreu wiedergeben, was sie sagten.

Um der gebotenen Kürze willen habe ich zuweilen eine Reihe von Bemerkungen, die tatsächlich von mehreren Personen stammten, einer einzelnen zugeschrieben, also das Recht des Schriftstellers wahrgenommen, den Stoff zu »straffen« – jedoch, wie ich meine, nicht auf Kosten der Wahrheit in wesentlichen Punkten. Leider mußte ich überlieferte Geschichten und Berichte über persönliche Erlebnisse durch ein gewisses Maß an theoretischer Erläuterung ergänzen, um ein abgerundetes Bild von den verschiedenen Spielarten chinesischer Mystik zu geben; doch selbst die erläuternden Passagen beruhen viel mehr auf dem, was ich selbst sah und hörte, als auf späterer Lektüre zu diesem Themenkreis, so daß also auch sie weitgehend aus erster Hand stammen.

Der Begriff »Mystik« wird häufig im Sinne von »Obskurantismus« mißverstanden oder sogar mit diesem Ausdruck verwechselt! Wie ich diesen Begriff gebrauche, bezieht er sich auf das Streben nach intuitiven, dem normalen rationalen Denken unzugänglichen Erfahrungen und das Aufgehen des eigenen Selbst in etwas so Erhabenem, Gewaltigem, daß es alle menschliche Vorstellung vom Göttlichen übersteigt. Indien ist von jeher nicht weniger als China ein Quell asiatischer Mystik gewesen; daß ich nichts über indische Mystiker sage, liegt einfach daran, daß ich zu wenig in Indien gereist bin, um aus eigener Erfahrung über sie zu sprechen. Andererseits habe ich jedoch einige Aspekte der tibetischen Mystik in ein Buch aufgenommen, das ansonsten überwiegend den chinesischen Varianten gewidmet ist, und zwar aus dem guten Grunde, daß tibetische und mongolische Lamas in vielen Teilen Chinas auftraten und daß viele strenggläubige chinesische Buddhisten zu ihnen als Lehrmeister aufblickten.

Einige Schwierigkeiten bereitete die Wahl des Tempus. Sehr viel von dem, was ich schildere, ist seit der kommunistischen Revolution verschwunden, und es ist schwer zu sagen, in welchem Umfang bestimmte taoistische und buddhistische Praktiken sich in Taiwan und chinesischen Kolonien in überseeischen Ländern erhalten haben. Ich hoffe, man wird es mir nachsehen, wenn ich in dieser Hinsicht nicht immer ganz konsequent vorgehe.

Als ich dieses Buch schrieb, hatte ich zwei Arten von Lesern vor Augen: diejenigen, die ich dank der exotischen Atmosphäre, die das Buch durchzieht, wie mit einem Reisebericht zu unterhalten hoffe, und diejenigen, die sich durch das Buch vielleicht dazu anregen lassen, das wundersame Reich des Geistes zu erkunden, das unter verschiedenen Namen bekannt ist – der Eine Geist, die große Leere oder »der Weg«.

Im letzten Kapitel habe ich schließlich erklärt und aufzuzeigen versucht, wie man die Lehren der chinesischen und tibetischen Mystiker bei uns nutzbringend anwenden könnte, obwohl ich mir darüber im klaren bin, daß sie dem Elend der Massen nicht abhelfen können.

Herbst 1973

John Blofeld
»Haus des Windes
und der Wolken«
Thailand

I
Das wunscherfüllende Kleinod

In buddhistischen Kreisen Chinas und Tibets erzählt man sich zahlreiche Geschichten von einem zauberkräftigen Edelstein, der dem, der ihn findet, jeden Wunsch erfüllt. Dieser Edelstein ist immer ganz nah, aber nur allzu vielen geht es wie jenem Prinzen, der die ganze Welt bereiste, um ihn zu finden, und am Ende entdeckte, daß der Stein in den Anhänger gefaßt war, den er die ganze Zeit auf der Stirn getragen hatte.

Anders ausgedrückt: Der Pfad, der über den Himmel und weit über die höchsten Bereiche des Göttlichen hinausführt, beginnt genau an der Stelle, wo wir gerade stehen. Er ist geheimnisvoll und unsichtbar für Menschen, deren Geist von Begriffen wie Gut und Böse, Licht und Dunkelheit, Scheiden und Kommen, Selbst und Anderes, »ist« und »ist nicht« vernebelt ist. Um ihn zu erkennen, muß man jenseits des Sichtbaren sehen können, jenseits des Hörbaren hören – ein schwer zu begreifendes Wort, das aber unter gewissen Umständen sehr einfach ist.

Es gibt eine Religion jenseits der Religionen, die unmittelbar zum Besitz des wunscherfüllenden Steins führt. In Ermangelung eines besseren Ausdrucks könnte man sie als die Suche des Mystikers bezeichnen. Er kann an diesen oder jenen Gott glauben, an eine Vielheit von Göttern oder an überhaupt keinen und dennoch zu der Wahrheit gelangen, die alle Konfessionen transzendiert. Dieser Wahrheit wird man teilhaftig, wenn der Geist in seiner Stille den Nicht-

Ort jenseits des Denkens erreicht. Das Wissen wird abgestreift, die Weisheit bleibt übrig. Gott und Nicht-Gott werden als ein und dasselbe erkannt. Dabei ist keine begriffliche Vorstellung im Spiel, sondern nur Erfahrung – eine einzigartige, Freude bringende Form der Wahrnehmung, die zu unerschütterlicher Seelenruhe, zum Erkennen der Schönheit in jeder Blume, jedem Stäubchen Schmutz, Zement oder Dung und zu uneingeschränkter Befreiung vom menschlichen Dasein führt. Erleuchtung, Erlangung des Tao, Vereinigung mit der Gottheit sind nur wohlklingende Namen dafür – die Erfahrung ist namenlos, denn obgleich in strahlender Helle wahrnehmbar, entzieht sie sich absolut jeder Beschreibung.

Mystiker hat es zu allen Zeiten in allen Erdteilen gegeben, wenn auch selten in großer Zahl. Um den Pfad zu entdecken, der vor unserer Nase liegt, dürfte es eigentlich nicht notwendig sein, erst nach Asien zu gehen. Oder doch? Die öde Technologie, die heute die Welt vergiftet, greift dort genauso um sich wie anderswo, aber man findet noch immer im Fernen Osten wesentlich leichter einen kundigen Führer, obwohl sich auch das schon bald ändern kann. Denn während christliche und mohammedanische Mystiker im allgemeinen von ihren Glaubensbrüdern mit Argwohn betrachtet und nicht selten unterdrückt wurden, erklären hinduistische, buddhistische und taoistische Autoritäten den Weg des Mystikers ausdrücklich zum höchsten Pfad von allen. Nicht daß die meisten Anhänger dieser drei Glaubensrichtungen praktizierende Mystiker wären – dazu ist es viel zu schwierig, den Pfad zu finden und ihm zu folgen –, aber sie werden wenigstens dazu angehalten, das mystische Ziel als die Krone menschlichen Strebens zu betrachten. Diejenigen unter ihnen, die den verborgenen Weg preisen, werden nicht, wie es in Europa üblich war, eilends in verschwiegene Klöster abgeschoben, um dort zwar in Ehren gehalten, jedoch unauffällig daran gehindert zu werden, eine Wahrheit zu verkünden, die für die etablierten Hierarchien unliebsame Konsequenzen hätte. Zumal den Buddhisten ist es gelungen, wirksame Methoden zur rascheren Herbeiführung der mystischen Erfahrung zu entwickeln. (Heutzutage holen sich zuweilen sogar katholische Prälaten bei ihnen Rat und Hilfe, wie sie ihre darniederliegenden kontemplativen Orden neu beleben könnten.)

Unglücklicherweise entzieht sich die Mystik in fast all ihren Äußerungen jeder Definition oder Beschreibung. Sie transzendiert die Logik und befaßt sich mit einer Art von Wahrheit, die nur durch unmittelbare Intuition zu erfassen ist. Deshalb sagte der taoistische Weise Lao-tse von ihr: »Der Erkennende redet nicht, der Redende erkennt nicht.«* Dennoch steht mystische Erfahrung allen offen, die nach ihr dürsten. Zuweilen, ob nun als Folge von Belehrung oder spontaner Intuition, geschieht es, daß ein Mensch zu seiner großen Freude ganz plötzlich die Quelle einer unvergleichlichen Glückseligkeit entdeckt, die in ihm selbst liegt. Ist er ein Christ, wird er sich diese Gewißheit etwa als plötzliches Bewußtwerden der Immanenz Gottes erklären, andere werden sie im Einklang mit ihrer jeweiligen Überlieferung deuten, aber alle, die sie erlangen, sehen sich

---

* Zitat aus dem *Tao Te King* des Lao-tse, übersetzt von Richard Wilhelm (Diederichs Verlag, Jena 1911). Es folgen noch mehrere Zitate aus diesem berühmtesten Werk des Taoismus, die, dem jeweiligen Kontext entsprechend, entweder in der Übertragung von R. Wilhelm oder W. Jerven (O. W. Barth Verlag, 2. Aufl., München 1976) oder in eigener Übertragung des Übersetzers wiedergegeben sind.
Die im Deutschen übliche Schreibweise bei Namen wie Lao-tse, Chuang-tse und Lieh-tse wurde beibehalten. Ansonsten folgt die Transkription chinesischer Namen dem angelsächsischen Brauch, der sich international durchzusetzen scheint. *Anm. d. Übers.*

außerstande, das Wesentliche daran mit Worten zu beschreiben. Man wird es mir nachsehen, wenn ich an dieser Stelle einige Absätze aus *Der Weg zur Macht* frei wiedergebe, einem Buch, das ich über die tibetische Mystik geschrieben habe, in denen ich zwar immer noch weit davon entfernt bin, das Geheimnis in Worte zu fassen, diesem Ziel jedoch immerhin so nahe bin, wie ich es nur vermag:

»Es gibt Augenblicke in unserem Leben, in denen eine erregende aber wunderbare Erfahrung in unser Bewußtsein eindringt, gleichsam aus einer anderen Welt. Der Zauber, der sie hervorruft, ist so flüchtig, daß er in der Freude der Erfahrung vergessen wird. Es mag der Gesang einer Feldlerche sein, das Plätschern einer Welle, eine Flöte, die bei Mondlicht gespielt wird, oder das unheimliche Stöhnen und Krachen eines Bergsturms. Vielleicht ist es etwas Sichtbares: ein liebliches Lächeln oder eine einzige Geste, eine Form oder Farbe von hinreißender Schönheit; eine vertraute Szene, verwandelt im Spiel einer ungewöhnlichen Lichtfärbung, oder eine Gruppe von Felsen, die lebenden Wesen ähneln. Oder der Zauber entzündet sich an einer plötzlichen Verzückung und entrückt das Bewußtsein gleichsam in eine unbekannte Dimension. Ein bisher unbemerkter Vorhang wird plötzlich zur Seite geschoben, und wir stehen für einen zeitlosen Augenblick vor einem Mysterium, das sich uns zum Teil enthüllt. Dieses Mysterium hat hundert Namen, aber sie entsprechen ihm alle nicht. Man nennt es das Gute, das Wahre, das Schöne. Philosophen bezeichnen es als absolute oder höchste Wirklichkeit, christliche Mystiker als Gottheit. Es ist der Geliebte der Sufis, das Tao der Taoisten und für die Buddhisten Nirwana, Schoß des dharma, Sosein, Leere, das klare Licht, der Eine Geist. Würden nicht häufige und klare Visionen dieses Myste-

*riums das Verlangen wecken, seine Seligkeit mitzuteilen,
dann wäre es am besten, überhaupt keinen Namen zu ge-
brauchen.*

*Namen setzen Grenzen. Unergründlich ist das Myste-
rium, und es kann deshalb nur intuitiv erahnt, niemals
aber durchschaut werden. Wie also sollte man es benennen
können?*

*Mystikern und Dichtern dämmern Visionen dieses Ge-
heimnisses manchmal ungesucht auf. Betont Extraver-
tierte sind, wenn sie überhaupt einen Blick davon erhaschen, entsetzt und fürchten um ihren Verstand. Sie weisen
es als geistige Verirrung von sich – oder laufen zum Arzt!*

*Die Behauptung, daß es existiert, schließt seine Nicht-
Existenz aus und begrenzt es durch das, was Sprechende
oder Hörende unter Existenz verstehen. Sagt man, daß es
nicht existiert, so zeigt sich die andere Seite des Dilemmas.
Beide Begriffe sind zu grob, um seinem schwer faßlichen
Wesen gerecht zu werden. Wenn man es reinen Geist nennt,
kann dies in gewissen Zusammenhängen zutreffen. Man
darf es aber nicht von der Materie unterscheiden, mit der
es untrennbar verbunden ist. Wie dem auch sei – das
menschliche Bewußtsein kann sich nicht leicht von Symbolen trennen. Mystiker suchen es deshalb mit Begriffen jener
Eigenschaften zu benennen, die ihm das Filter ihrer Sinne
leiht: Klares Strahlen, Unbefleckte Leere, Ekstatische Seligkeit, Unendliche Liebe, Allumfassende Einheit.«* *

Einer Sache bin ich mir gewiß – ein mystisches Erlebnis, sei
es vage oder intensiv, ist nicht weniger als die direkte intui-

---

* John Blofeld: *Der Weg zur Macht* (O. W. Barth Verlag, Weilheim
  1970), S. 13–15. (Der Wortlaut des Zitats weist kleine Abweichungen gegenüber dem Originaltext auf, die für den Sinnzusammen-
  hang unerheblich sind. *Anm. d. Übers.*)

tive Wahrnehmung der Höchsten Wirklichkeit. Auf einmal
sieht man das Universum sozusagen in einem anderen Fo-
kus; man erkennt, daß die zahllosen Objekte unserer Welt
zugleich viele und eins sind; Widersprüche aller Art heben
sich auf; innere Ruhe und Freude stellen sich ein. Man erkennt, daß alle bisherigen Vorstellungen, die man sich von
sich selbst und seiner Umwelt gemacht hat, unscharf und
verzerrt waren, wie wenn man durch ein falsch eingestell-
tes Fernglas blickt; nun, da die Verschwommenheit blen-
dender Klarheit gewichen ist, zeigt sich alles, was bisher
alltäglich schien, in ergreifender Anmut. Selbst wenn die
Intuition nicht sehr intensiv ist, führt sie dennoch zu der
Überzeugung, daß außerhalb der Reichweite normaler
Wahrnehmung etwas geheimnisvoll Erhabenes liegt, etwas
unendlich Erstrebenswertes, das einem, wenn man es nur
lange und aufmerksam genug betrachtet, auf wunderbare
Weise den Sinn des Lebens enthüllen wird!

Der theistische Ausdruck dafür, »Einssein mit Gott«,
liegt genau auf der Mitte zwischen der westlichen Vorstellung von einem höchsten Wesen und östlichen Ausdrücken
wie Tao oder Nirwana, die nicht ein *Wesen*, sondern einen
Zustand bezeichnen. Aber wie auch immer, die Aussagen
von Mystikern vieler Glaubensrichtungen lassen ganz klar
erkennen, daß die Erfahrung, außer in ihrer Intensität,
stets dieselbe ist; wer sie erlangt, wird auf eine Stufe versetzt, wo Unterscheidungen wie »Wesen« und »Zustand«,
»Gott« und »Nicht-Gott« bedeutungslos sind. Worte,
Glaubensinhalte, begriffliches Denken verlieren sich im
»klaren weißen Licht« der Wahrheit. Daraus folgt, daß es
zwischen der theistischen westlichen und der unpersönlicheren östlichen Anschauung keinen Widerspruch zu geben
braucht, sobald anerkannt wird, daß es allein auf die unmittelbare Erfahrung ankommt.

In der Deutung dieser Erfahrung weichen nicht nur Anhänger der theistischen und der nichttheistischen Tradition von einander ab, sondern auch Leute, die grob gesprochen in derselben Überlieferung stehen. Den meisten Taoisten genügt es beispielsweise, die direkte Verbindung mit dem Tao zu erfahren, ohne sie in irgendeiner Weise zu deuten; Buddhisten neigen hingegen dazu, die Erfahrung zu ihrem Glauben an die Reinkarnation und den Geist als einzige Realität in Beziehung zu setzen.

Was man braucht, um den Pfad betreten zu können, ist nicht eine bestimmte Religion mit diesem oder jenem Dogma, sondern nur ein geheiligter Zustand des Geistes – die Überzeugung, daß etwas Unbegrenzbares und Erhabenes jenseits des Bereiches wechselnder Gedanken und Vorstellungen liegt, etwas, das wir nur in der Stille unseres innersten Wesens wahrnehmen können. Wenn ein Taoist mit seiner unpersönlicheren Anschauung versichert, daß »alle Dinge vom Tao kommen, zum Tao zurückkehren, das Tao *sind*«, und wenn ein Christ erklärt, daß »alle Dinge von Gott kommen, der sie in seiner Allgegenwärtigkeit alle durchdringt«, dann beziehen sich beide auf dieselbe unausdrückbare Wahrheit.

Um dem Pfad zu folgen, braucht man vor allem eine Methode, nach der das Ichbewußtsein und die groben Wahrnehmungen der sechs Sinne (den Verstand eingeschlossen) fortschreitend transzendiert werden. Das Nahziel muß tiefe innere Stille sein, denn die größten Hindernisse auf dem Weg sind die nicht endenden Wellen der Gedanken, die den Geist von seinem heiligen Streben ablenken. Daher haben die Buddhisten und die Taoisten Techniken zur Beherrschung des beständigen Umherschweifens der Gedanken und zur Eindämmung des rastlosen Selbstbehauptungsdrangs des sogenannten »Ich« entwickelt. Im

Schweigen und in der Stille wird die Wahrnehmung geboren.

Die mystische Philosophie des Taoismus in ihrer klassischen Form, wie sie zum erstenmal im Werk von Lao-tse und Chuang-tse zum Ausdruck gebracht wurde, befaßt sich kaum mit der Frage des Weiterlebens nach dem Tod, sondern es geht ihr vor allem um die Erlangung tiefer Seelenruhe um ihrer selbst willen. Insoweit diese Weisen nach Seelenruhe strebten, ohne einen bestimmten Kontext oder ein letztes Ziel im Auge zu haben, muß man sie eher als Quietisten denn als Mystiker im vollen Wortsinne bezeichnen, obwohl ihre Schriften – vor allem die des Chuang-tse – zu rätselhaft sind, um irgendwelche sicheren Schlüsse zuzulassen. Später jedoch entstand, ob nun als Folge buddhistischen Einflusses oder nicht, in taoistischen Kreisen neben dem traditionellen Quietismus (und der im einfachen Volk verbreiteten Sehnsucht nach physischer Unsterblichkeit, die außerhalb des Bereichs der Mystik liegt) das Bedürfnis, ein erhaben-transzendentes Ziel zu erreichen – die vollkommene Vereinigung mit dem Tao, in der vom individuellen Suchenden nichts übrigbleibt, obwohl paradoxerweise auch *absolut nichts verlorengeht.* Der eine wesentliche Unterschied zwischen diesem spezifisch taoistischen Konzept und dem des Buddhismus liegt darin, daß die Buddhisten, die ja an die Wiedergeburt glauben, der Ansicht sind, das Nichterreichen des Ziels müsse zu weiteren Wanderungen durch die Reiche von Geburt und Tod führen, die Taoisten hingegen glauben, dieses Scheitern müsse zu einem allmählichen Zerfall des Geistes führen, der genauso endgültig ist wie der des Körpers.

Von den Taoisten, die ich in den wunderhübschen, über ganz China verstreuten, traumhaft inmitten von Bambus und Kiefern, Felsen und Gipfeln, Bächen und Kaskaden gelegenen Einsiedeleien traf, waren viele schlicht Quietisten. Als Individualisten mit der Überzeugung, »man soll Dingen und Menschen ihren Lauf lassen«, sprachen sie selten von Zielen. Trotz ihrer altmodischen Art, sich zu kleiden, und ihrer ebenso altmodisch anmutenden Höflichkeit lächelten und lachten sie gerne, waren liebenswürdig, humorvoll und stets freudig darauf bedacht, den Gast mit einfachen Speisen, Glühwein und so viel guter Konversation, ironischer oder ernsthafter Art, zu laben, wie er sich nur wünschen konnte. Immer wieder geriet ich in Erstaunen über ihre Toleranz, ihre Liebe zur Schönheit der Natur und zu einfachen, bescheidenen Dingen – vor allem aber über ihren stillen Frohsinn. Welch beredtes Zeugnis sie doch ablegten für die Richtigkeit einer ihrer Lieblingsthesen, daß nämlich wahres Glück wenig mit Ruhm, Ansehen oder Reichtum zu tun habe. Kein Wunder, daß sie nacheinander von Konfuzianern, Republikanern und Kommunisten als gefährlich subversiv angesehen wurden; denn wer, wenn er erst einmal die Freuden des stillen Lebens ohne Bindungen gekostet hat, würde freiwillig zu den politischen, sozialen und kommerziellen Verpflichtungen zurückkehren, wie hochorganisierte Gesellschaften sie ihren Mitgliedern auferlegen? Hier nun in wenigen Worten eine Beschreibung des mystischen Glaubens der Taoisten: Das Tao ist unendlich und ewig. Es ist nicht nur der Quell, sondern auch das Gefäß, das Sein an sich, der wahre Nicht-Stoff des Universums. Unter Hintanstellung allen berechnenden Handelns, aller Gier, allen Ehrgeizes und aller ähnlich egoistischen Eigenschaften sollte man lernen, intuitiv wahrzunehmen und nach den Rhythmen der Natur zu leben, Gewinn und Verlust, Leben und Tod mit lächelndem Gleichmut hinzunehmen, aufzuhören, sich einzumischen, und den Dingen ihren Lauf zu lassen, Wesen und Umstände aller Art als Manifestationen des Tao zu akzeptieren, die alle ihren eigenen Platz und ihre eigene Funktion haben, den flüchtigen Augenblick leichthin um seiner selbst willen zu genießen und seine besondere Würze freudig auszukosten, aber niemals sein Herz an etwas zu hängen oder sich gar Leidenschaften hinzugeben. Wenn man so lebt, die innere Stille pflegt, keinen Gegenstand im Bewußtsein trägt, erlangt man unerschütterlichen Seelenfrieden. Das allein ist schon genug.

Manche taoistischen Mystiker würden noch darüber hinausgehen und sagen: Wenn der Seelenfrieden erlangt wird, kann man nach und nach der geheimnisvollen Quelle so nahe kommen, daß die glückselige Einheit mitten im Herzen der Vielheit dem inneren Auge stets gegenwärtig ist. Indem man immer vollständiger in das Licht eintaucht, das von innen flutet, und sich von jenem Phantom loslöst, das man einmal fälschlich für sein »Ich« gehalten hat, gelangt man über die Welt der Form hinaus und erfreut sich, in diesem Leben oder im Tode, einer so vollkommenen Vereinigung mit dem Tao, daß das Endliche sich im Unendlichen verliert, wo das Kleine, ohne im mindesten verringert zu werden, aufgeht im unendlich Großen und so die große Verwandlung herbeigeführt wird.

Trotz dieser faszinierenden Merkmale des Taoismus hat mich die Mystik in ihrer buddhistischen Form immer am stärksten angesprochen, wird diese im folgenden breiteren Raum einnehmen als der Taoismus. In China gab es bis zur Mitte unseres Jahrhunderts Tausende von buddhistischen Tempeln sowie vor allem in den fruchtbaren mittelchinesischen Provinzen eine ganze Reihe großer Klöster. Ihre anmutig geschwungenen Dächer ragten inmitten der Vororte alter, aus grauem Stein erbauter Städte auf, lugten aus Hainen hervor, die sich an Berghänge schmiegten, oder spiegelten sich im Wasser weidengesäumter Seen, denn die Schönheit der Natur liebten die chinesischen Buddhisten genauso wie die Taoisten. In den Grenzgebieten, wo die Tempel oft im tibetischen Stil erbaut wurden, war die Bevölkerung – Mongolen ebenso wie Tibeter – fast bis zum letzten Mann buddhistisch, im Gegensatz zum eigentlichen China, wo die Anhänger des Konfuzianismus und der Volksreligion gegenüber den Buddhisten weitaus in der Überzahl waren.

Seinem Wesen nach, wenn auch nicht unbedingt in der Praxis, ist der Buddhismus eine durchaus mystische Religion. Um die chinesischen und tibetischen Meditations- und sonstigen Yoga-Praktiken zu verstehen, muß man ein wenig über die Mahayana-Prinzipien Bescheid wissen. Von meinen ersten Lehrern habe ich gelernt, zwischen zwei Ebenen der Wahrheit, zwei Ebenen der Erfahrung zu unterscheiden – dem Relativen und dem Absoluten. Auf der ersteren sind Gegensatzpaare wie »das Selbst« und »das Andere« unbezweifelbar real; auf der absoluten Ebene gibt es keine solchen Dualismen mehr und nichts trennt das »Selbst« vom »Anderen«, da keine Wesenheiten so etwas wie ein »eigenes Sein« besitzen. Vergänglich wie Träume und nicht fähig, unabhängig voneinander zu existieren, sind alle Formen letztlich leer. Die Erlangung dieser höheren Ebene, so erfuhr ich, sei von großer Glückseligkeit begleitet. Wer die Große Leere schaut, dem bietet sich nicht der Anblick trostloser Öde, sondern er tut einen Blick auf die unbeschreibliche Vollkommenheit, die jenseits aller Farbe, Form und sonstigen Merkmale des Seins liegt. Jedoch kann keiner der beiden Aspekte vom andern getrennt werden, denn beide sind wahre Verkörperungen der Realität. Auf der Ebene der relativen Wahrheit zu verharren heißt, nie endender Verblendung anheimzufallen; ganz auf der Ebene der letzten Wahrheit zu existieren dagegen heißt, sich in Glückseligkeit zu verlieren, jedoch um den Preis des Verzichts auf die Verwandtschaft mit den Myriaden von Wesen, die noch auf dem Ozean des Wechsels zwischen Leben und Tod umhergetrieben werden und blind sind für einen nicht weniger gültigen Aspekt der Realität. Wenn nämlich die engen Grenzen der Logik und des begrifflichen Denkens überschritten werden, entdeckt man, daß die Realität *zugleich* eins und vieles ist! Die Erleuchtung besteht nicht im Übergang von hier ins Nirwana, sondern in der Erkenntnis, daß diese alltägliche Welt zugleich das Nirwana ist, so daß kein Übergang erforderlich ist, sondern nur eine neue Art der Wahrnehmung, ein Sehen mit anderen Augen.

Meine buddhistischen Lehrmeister gebrauchten in verschiedenen Zusammenhängen viele Synonyme für das Tao. So sprachen sie vom Schoß der Dharmas (Wesenheiten), um es als das Gefäß des Vielen zu kennzeichnen, von der Großen Leere, um auf die grundsätzliche Leere der Myriaden Wesenheiten hinzuweisen, von denen nicht eine ein »eigenes Sein« besitzt, vom Einen Geist, um anzudeuten, daß die Welt der Formen aus traumhaften Phantasmen besteht, die der undifferenzierte Geist in seinem schöpferischen Spiel hervorbringt, oder von der Buddha-Natur, um die allen Wesen innewohnende Vollkommenheit zu kennzeichnen, die in der Erleuchtung erfahren wird. Der Ausdruck »der Eine Geist« wurde häufig im Zusammenhang mit der Meditation gebraucht, deren Sinn und Zweck es ist, sich durch geistig erlangte, direkte intuitive Erfahrung von der Illusion, es gäbe das »Selbst« und das »Andere«, zu befreien. Durch den Geist wird diese Illusion hervorgerufen; durch den Geist wird sie überwunden. Durch den Geist ist der Mensch gebunden; durch ihn wird er befreit.

Wenn sie so sprachen, betonten meine Lehrer jedoch, daß all diese Ausdrücke und Erklärungen unweigerlich der Schönheit und Vollkommenheit dessen, was ist, Gewalt antun und das Namenlose auf die Stufe der Philosophie und Metaphysik herabziehen. »Es gibt Zeiten«, pflegten sie etwa zu sagen, »wo der Anblick einer Blume oder das Geräusch eines in den Teich fallenden Regentropfens Ihnen mehr über die Realität sagt als alle Worte in der gigantischen Enzyklopädie von K'ang-Hsi; bis aber die Intuition kommt, müssen Sie mit Worten vorliebnehmen.«

Jeder Schritt auf dem Pfad bedeutet einen Fortschritt in Richtung auf die Wahrheit, die jedoch absolut nichts mit Wissen zu tun hat. Um ihre Ankunft zu beschleunigen, muß man die Türen der sechs Sinne verschließen und das inhaltlose Bewußtsein pflegen, das sich einstellt, wenn das Denken zur Ruhe kommt. Gleichzeitig mit der Weisheit muß die Barmherzigkeit geweckt werden, denn diese ist das Heilmittel gegen den Hauptwidersacher der Weisheit – die Vorstellung vom »Ich« und vom »Anderen«. Methoden, den Geist zur Ruhe zu bringen, sind die wichtigsten Stützen des Wandernden. Manche von ihnen mögen auf den ersten Blick bizarr oder sogar kindisch erscheinen. Man kann sie in zwei große Gruppen einteilen, »Ich-Kraft« und »Andere Kraft«, obgleich Meditationslehrer einem lächelnd erklären, daß das ein und dasselbe sei. Da der Antrieb zum Erwerb der Weisheit aus dem Suchenden selbst kommen muß, ist Hilfe von außen – sei sie menschlicher oder göttlicher Natur – zu nichts nütze; daher der Begriff »Ich-Kraft«. Da jedoch der Suchende nicht wirklich von der Quelle getrennt ist, ist die Weisheit, die in der Stille heraufquillt, auch »Andere Kraft«, ein Zustrom von jenen Bereichen her, die auf der Ebene der relativen Wahrheit als »außen« bezeichnet werden.

Da man kein Wissen zu kultivieren hat, sondern einen Zustand des Geistes, kann man sehr unterschiedliche Mittel anwenden. Einige davon würde vielleicht ein Gelehrter ohne mystische Neigungen – etwa ein Biochemiker – widerstrebend als »psychologische Techniken« anerkennen; andere würden hingegen nur Spott hervorrufen, dennoch aber nicht weniger wirksam sein. Menschen von pietistischer Denkungsart, deren Stärke mehr im »Fühlen« als im »Denken« liegt, sollen sich den Einen Geist ganz so vorstellen, als sei er ein himmlisches Wesen – ein transzendentaler Buddha –, und die von ihm ausstrahlenden Kraftströme (die sich teilen, unterteilen und zunehmend individualisieren, je mehr man sich der Ebene der Relativität nähert) als Buddha- oder Bodhisattva-Figuren. Die subtilen Aspekte der Letzten Realität können, da sie außerhalb der Reichweite begrifflichen Denkens liegen, auf den ersten Stufen nur mittels Symbolen der einen oder anderen Art erfaßt werden. Was mir anfangs seltsam vorkam, während ich heute nichts Seltsames mehr daran finde, ist der Umstand, daß selbst einer, der *weiß*, daß die Bodhisattva-Figuren, die Weisheit, Barmherzigkeit, rechtes Handeln usw. verkörpern, nur Sinnbilder für die durch sie repräsentierten Realitäten sind, dennoch Nutzen davon hat, daß er über sie meditiert, *als seien es* die verkörperten Wesen selbst. Da dem so ist, überrascht es nicht mehr, daß Menschen, die tatsächlich an diese Figuren wie an himmlische Wesen glauben, im allgemeinen genauso erfolgreich im Erreichen des Zieles sind wie diejenigen, die anthropomorphe Symbole strikt ablehnen.

Einer meiner Lehrer hat es einmal so ausgedrückt: »So wie die Stadt Peking von allen zu erreichen ist, die den richtigen Weg nehmen, ob sie sie nun Peking, Peiping oder Yenching nennen, so kann auch die Verwirklichung erreicht werden, indem man unbeirrt den Geist auf sie richtet, ob der Suchende sie nun als I Hsin (den Einen Geist) oder als den Amitabha Buddha (den himmlischen Buddha des Reinen Landes) begreift.

Zur scheinbaren Pluralität der himmlischen Buddhas und Bodhisattvas fällt mir eine aufschlußreiche tibetische Geschichte ein. Einst geschah es, daß ein einfältiger Anhänger des Avalokitesvara (Personifikation des Erbarmens), bekümmert über seine Unfähigkeit, die Verwirklichung zu erlangen, obwohl er jahrzehntelang über die Gestalt dieses Bodhisattvas meditiert hatte, zu seinem Lama lief und ausrief: »Wenn dieses Buch, das ich in Händen halte, trotz meiner Hingabe zu Boden fällt, sobald ich es loslasse, werde ich mich von dem abwenden, der seit Jahren meinen Geist erfüllt, und mich statt dessen Manjusri (der Personifikation der Weisheit) zuwenden.« Das Buch fiel nicht zu Boden, weil es von einer plötzlichen Manifestation des Avalokitesvara gehalten wurde, aber gleichzeitig veränderten sich vor seinen Augen Gewand und Züge dieses erhabenen Wesens, und es verwandelte sich in Manjusri! »Was denn«, bemerkte daraufhin lachend der Lama, »worüber gerätst du denn so aus der Fassung? Du hast doch wohl nicht geglaubt, Avalokitesvara und Manjusri seien zwei verschiedene Wesen?«

Ein wichtiger buddhistischer Glaubenssatz ist die Lehre von der Wiedergeburt. Sie besagt, daß durch ungeschickte (d. h. falsche, verblendete) Taten, Worte und Gedanken Ketten von Karmas (unausweichlichen Folgen) geschmiedet werden, die Äonen um Äonen den Kreislauf von Geburt und Tod nach sich ziehen. Da hier das Leben untrennbar ist von Schmerz, Enttäuschung und allgemeinem Ungenügen und da viele Leben durchlaufen werden müssen, bevor sich erneut eine Möglichkeit zur Befreiung ergibt, wird es als dringlich empfunden, das gegenwärtige Leben richtig zu nutzen. Aber abgesehen von diesem Gefühl der Dringlichkeit haben die Lehren über das Weiterleben nach dem Tode nur wenig mit dem Streben nach mystischer Verwirklichung zu tun – einem Zustand, der von vornherein jede Lehre transzendiert. Während die Realität des Zieles außer Zweifel steht, sind die Art, in der es mit den Glaubensvorstellungen des Adepten in Einklang gebracht wird, und die jeweilige Auslegung Glaubensfragen, die bei jedem Menschen und in jeder Gemeinschaft anders sind.

Das Verlangen nach Verwirklichung kann durch direkte intuitive Erfahrung oder durch Vertrauen auf die Weisheit derer geweckt werden, die ihre Realität bezeugen. Auch kann man den Baum nach seinen Früchten beurteilen. Ich selbst habe nicht nur eine Reihe eindrucksvoller Berichte europäischer Mystiker gelesen, sondern gelegentlich auch das Glück gehabt, mit Chinesen und Tibetern zusammenzutreffen, die schon ein gutes Stück des Weges zurückgelegt hatten. Sie haben mich stets als liebenswerte Menschen beeindruckt, deren Gegenwart eine Quelle des Glücks war. Spontan, fröhlich, gelassen und gütig wie sie sind, kann man diese vollkommenen Adepten für Einfaltspinsel halten, wenn man es nicht versteht, die Zeichen ihrer hohen Weisheit zu deuten. Diese ist nicht von weltlicher Art, und sie geben sich ganz anders, als es unserer landläufigen Vorstellung von Heiligkeit entspricht. Durch nichts zu erschüttern, was auf Erden, im Himmel oder in der Hölle geschieht oder was man sich darunter vorstellt, sind sie einerseits von zu heiterem Gemüt, um die Billigung feierlichernster Kirchenmänner zu erlangen, und andererseits zu gleichgültig gegenüber dem Tun und Trachten des täglichen Lebens, um die weltlich Gesinnten zu beeindrucken. Abgesehen von ihrem Mitgefühl für die vom Glück weniger Begünstigten, gibt es nichts, was ihre innere Freude zu trüben vermöchte. Ich weiß nicht mit Sicherheit, ob ich jemals einem vollkommen Erleuchteten gegenübergestanden habe, denn diejenigen, die diesen Stand erreicht haben, wären die letzten, es zu verkünden. Aber auf meinen Wanderungen in China und den tibetischen Grenzgebieten habe ich mehrere Menschen kennengelernt, die in unterschiedlichem Ausmaß die erwähnten Eigenschaften besaßen. So bewegend waren diese Begegnungen für mich, daß ich, hätte ich nichts von dem Pfad gewußt, den diese Weisen beschritten, zu der Überzeugung gekommen wäre, daß das, was sie zu solchen Menschen gemacht hatte, sicherlich etwas Kostbareres sein mußte als alles andere auf der Welt. Doch leider hat es von solchen Weisen immer nur ganz wenige gegeben. Daß ich das Glück hatte, mehreren von ihnen zu begegnen, verdanke ich dem Umstand, daß ich viel Zeit darauf verwandte, kontemplative Menschen an oft entlegenen und einsamen Orten aufzusuchen. Es versteht sich von selbst, daß ihnen eine weitaus größere Zahl von Anhängern derselben Religion gegenüberstanden, denen es mehr um Pietismus oder darum ging, die Götter und Dämonen günstig zu stimmen, als daß sie sich bemüht hätten, den beschwerlichen Pfad zur mystischen Verwirklichung zu gehen.

Buddhisten und Taoisten halten zwar das Universum nicht für die Schöpfung einer höchsten Gottheit, aber sie haben eine recht bestimmte Vorstellung von der Existenz von Hierarchien übernatürlicher Wesen. Während man im Westen kaum einen finden wird, der die Vorstellung von einem Schöpfergott verwirft, jedoch nach der Bibel an die Heerscharen von Himmel und Hölle glaubt, gilt für Ostasien genau das Gegenteil. Die Konfuzianer, die sich im allgemeinen den Himmel (T'ien), die oberste Instanz der natürlichen Moralordnung, unpersönlich dachten, hegten keinen Zweifel an der Existenz unsichtbarer Hierarchien, obwohl sie den Rat des Konfuzius beherzigten, solche Wesen respektvoll sich selbst zu überlassen. Ganz ähnlich stellten sich die Taoisten das Tao unpersönlich vor. Selbst der Jade-Kaiser, eine Gottheit, von der man glaubte, daß sie über eine unendliche Zahl von Göttern, Geistern und Dämonen herrsche, galt als von diesem unpersönlichen Prinzip geschaffen und ihm untergeordnet. Nach buddhistischer Lehre der Mahayana-Richtung gibt es keinen Gott, und das Universum, als von den Sinnen nur unvollkommen erfaßtes schöpferisches Spiel des Geistes, wird beinahe als Illusion verstanden. Dennoch, insoweit man von Menschen behaupten kann, daß sie existieren, gilt dies auch für Götter und Dämonen; aber sie sind wie die Menschen und die Tiere Verfall, Tod und Wiedergeburt unterworfen.

Wenn uns die Vorstellung »kein Gott, aber viele Götter« sonderbar erscheint, liegt das daran, daß unsere Sprache nur den einen Ausdruck für zwei völlig verschiedene Begriffe kennt. Ob das Universum die Schöpfung einer höchsten Gottheit ist oder nicht, ist *eine* Frage; ob es in ihm geheimnisvolle Ordnungen endlicher Wesen gibt, die dem Menschen im allgemeinen verborgen bleiben, eine ganz andere. Zum Glück brauche ich die Realität von Göttern und Dämonen nicht zu beweisen, denn sie haben für den wahren Pilger nie eine bedeutende Rolle gespielt, weil sie beim Streben nach mystischer Verwirklichung weder behilflich noch hinderlich sein können; von dieser Warte aus ist ihre Existenz oder Nicht-Existenz so irrelevant wie die von Fischen oder Insekten.

Einer ganz anderen Kategorie als Gott oder Götter gehören jene Wesen an, die als die *himmlischen* oder *Meditations*-Buddhas oder -Bodhisattvas bekannt sind, wie zum Beispiel Amitabha Buddha oder Kuan-yin. Im chinesischen

Buddhismus gibt es zwei (sich manchmal überschneidende) Deutungen dieser Wesen. Der einen Richtung gelten sie überhaupt nicht als Wesen, sondern als Personifikationen von Phänomenen, die zu geheimnisvoll und abstrakt sind, um anders als in Symbolen gedacht zu werden; die Personifizierung der Weisheitskräfte, die aus dem Einen Geist fließen, gilt als eines der »geschickten Mittel«, die Menschen zur Erleuchtung zu führen. Indem man über solche Verkörperungen meditiert, wird man dazu geführt, die Eigenschaft der Weisheit, der Barmherzigkeit oder der geschickten Handlung zu erwerben, wodurch der Fortschritt in Richtung auf die Verwirklichung beschleunigt wird. Bei den tibetischen Buddhisten ist die Verwendung anthropomorpher Symbole als Meditationshilfen hochentwickelt, und zwar vertreten diese Symbole alle Energien in der Persönlichkeit des Adepten, die »guten« wie die »bösen«. Für die andere Richtung sind die Meditations-Buddhas und -Bodhisattvas reale Wesen, die, in dieses oder ein früheres Zeitalter hineingeboren, die Befreiung erlangt, aber aus Mitleid auf die Glückseligkeit im Nirwana verzichtet haben, um im Universum zu bleiben und als Fährleute anderen Wesen über den bitteren Ozean der Verblendung zu helfen. In der Praxis spielen solche Unterschiede keine Rolle. Die Meditation über Amitabha oder die Wiederholung seines Namens im Verein mit gesammelter Konzentration führt ungeachtet der Vorstellung des Adepten von seiner eigenen Natur zu den gleichen Resultaten. Das Streben nach intuitiver Weisheit erfordert nicht *Wissen*, sondern eine *Methode*. Ein Ertrinkender braucht nicht zu wissen, wie die Luft entstanden ist oder wie sie sich chemisch zusammensetzt, sondern sie ist einfach eine wirksame Methode, seine Lungen mit ihr zu füllen. Wäre auch seine Vorstellung von der Natur der Luft völlig falsch, er würde, wenn er sie einatmen könnte, denselben Nutzen von ihr haben wie ein Physiker oder Chemiker in der gleichen mißlichen Lage. In den Offenbarungsreligionen ist der Glaube von entscheidender Bedeutung, daß Jesus oder Mohammed wirklich gelebt und ewige Wahrheiten verkündet haben. Ließe sich der Beweis führen, daß die Existenz des Gründers der jeweiligen Religion ein Mythos ist oder daß seine Lehre einer göttlichen Grundlage entbehrt, würden solche Religionen in sich zusammenfallen, oder sie müßten von Grund auf umgestaltet werden. Für den christlichen oder mohammedanischen *Mystiker* wäre hingegen eine solche Entdeckung so gut wie belanglos.

Natürlich sind mir nicht gleich fortgeschrittene Mystiker über den Weg gelaufen, als ich nach China kam; und wenn auch, ich hätte gar nichts mit ihnen anzufangen gewußt. Im nächsten Kapitel schildere ich den religiösen Alltag, wie ich ihn erlebte. Er bildet den Boden, aus dem die Versuche mystischer Lebensweise hervorkamen wie einzelne schön gewachsene Bäume in einem gewöhnlichen Regenwald.

2

Überreste der Drei Lehren

Im Jahre 1933 kam ich als junger Mann nach China, begierig auf Wunder und Freuden aller Art. Zum Glück fand ich sie in großer Zahl, wenn auch meist in anderer Form, als ich sie mir ausgemalt hatte. Vor allem die religiöse Szene war so bunt, wie man sie sich nur wünschen konnte, aber es brauchte Zeit, die Reste von Schönheit und Weisheit zu entdecken, die sich hinter einer Fassade allzu menschlicher Götter und lächerlich häßlicher Dämonen verbargen. Nichts deutete auf ihr Vorhandensein hin; die Chinesen, mit denen ich zusammentraf, waren mit wenigen rühmlichen Ausnahmen entweder die geistigen Erben des alten konfuzianischen Agnostizismus oder Anhänger eines aus den unterschiedlichsten Elementen zusammengewürfelten Glaubens, der mir anfangs eher pittoresk als erbaulich vorkam. Ich entdeckte jedoch bald einen sympathischen Wesenszug an ihnen, nämlich eine ans Geniale grenzende Begabung, mehrere einander widersprechende Lehren in Einklang zu bringen. Von Intoleranz war nichts zu spüren. Konfuzianisch-agnostische Ehemänner lebten glücklich und zufrieden mit ihren zum Buddhismus oder Taoismus neigenden Frauen und fanden nichts dabei, wenn einige ihrer Kinder in der Schule mit christlichem Ideengut vertraut gemacht wurden. Und eben diese Agnostiker waren auch nicht abgeneigt, Göttern oder Dämonen zu opfern, auch wenn sie diese Wesen als Ausgeburten eines bäurischen Aberglaubens bezeichneten. Es war verwirrend.

»Herr Chang, sind Sie Konfuzianer?«

»Natürlich. Der weise Konfuzius ist seit rund zwei Jahrtausenden maßgebend für unser Regierungssystem, unser Bildungswesen und unsere Lebensart. Im Herzen sind wir alle Konfuzianer.«

»Der Buddhismus sagt Ihnen also nicht zu?«

»O doch. Sakyamuni Buddha hat gelehrt, wie man sich davon befreien kann, Äonen um Äonen in der Welt des Staubes umherzuwandern. Ich bin ein gläubiger Anhänger seiner Lehren.«

»Aber Taoist sind Sie jedenfalls nicht?«

»Warum nicht? Die taoistischen Weisen wußten, wie man in Einklang mit der Natur lebt, sie waren gleichgültig gegenüber Verlust und Gewinn. Und manche Taoisten sind vorzügliche Lehrer der Kunst, wie man als fröhlicher und gesunder Mensch ein hohes Alter erreicht. Sehen Sie sich unsere Dichtung und unsere Malerei an, und Sie werden erkennen, daß wir im Gemüt allesamt Taoisten sind.«

»Nun gut; aber wenn wir die Philosophie einmal beiseite lassen, müssen Sie denn nicht darüber lächeln, wenn den Göttern der Berge und Flüsse, vergöttlichten Generalen, Kobolden, Elfen, Dämonen und wie sie alle heißen, Weihrauch dargebracht wird und daß man sie verehrt, zu ihnen betet?«

»Natürlich könnte man das belächeln, aber es schadet bestimmt nichts, sich mit allen Arten von Wesen gut zu stellen. Viele von ihnen mögen gebratene Hühner und ein paar Tassen Wein lieber als den Duft des Weihrauchs – diese Dinge sind handfester.«

»Und wie steht es mit den Geistern der Ahnen?«

»Man fegt natürlich ihre Gräber am Fest des Lichts und opfert ihnen zu den gehörigen Zeiten vor ihren Geistertafeln, sonst würden sie sich vernachlässigt fühlen.«

»Das heißt also, daß Sie sich zu vier oder fünf verschiedenen Religionen bekennen?«

»So kann man es wirklich nicht ausdrücken! Warum etwas verwerfen, was man nicht mit Sicherheit wissen kann? Jede der drei Lehren – Konfuzianismus, Taoismus und Buddhismus – ist in ihrer Art bewundernswert. Was die Opfer für Geister und Ahnen angeht, wer kann wissen, ob es sie gibt oder nicht? Wenn es sie gibt, müssen die Opfergaben ihnen willkommen sein. Wenn nicht, finden zumindest die Lebenden Erbauung in solchen Riten, meinen Sie nicht?«

Derlei Toleranz war eine erfrischende Abwechslung von dem Sektierertum zu Hause in England, das nur allzu oft die Ursache von Bosheit, Verleumdung, Leid und Blutvergießen gewesen war. Dennoch ließen mir, der ich in der westlichen Überlieferung aufgewachsen war, einige der damit zusammenhängenden Widersprüche keine Ruhe. Beispielsweise bestätigte mir einer meiner buddhistischen Freunde, nachdem er kurz vorher den Geistertafeln von mehreren Generationen seiner Vorfahren seine Reverenz erwiesen hatte, bereitwillig, daß die Dahingeschiedenen im allgemeinen binnen neunundvierzig Tagen nach ihrem Tode wiedergeboren werden.

»Wie können dann aber diejenigen, die schon vor Jahrzehnten gestorben sind, Ihr Opfer entgegennehmen?«

»Wer kann wissen, ob es sie nicht noch gibt? Vielleicht hat der Mensch mehrere Seelen. Und eine davon könnte sich doch in der Nähe seiner Tafel aufhalten, um sich unserer kindlichen Frömmigkeit zu erfreuen, nicht wahr?«

Diese Aufgeschlossenheit zeigte sich auch in den Trauerfeierlichkeiten für die Verstorbenen, vor allem während der sieben mal sieben Tage nach ihrem Hinscheiden. Vor die Geistertafeln wurden nach konfuzianischer Überlieferung Speisen und Wein als Opfergaben gelegt, taoistische und buddhistische Mönche wurden ins Haus gebeten, um nacheinander ihre Riten zu vollziehen, und es kam auch vor, daß ein christlicher Pfarrer gebeten wurde, für die Seele des Toten zu beten – man weiß ja nie! In diesem letzteren Falle mußte man jedoch zur Lüge greifen, denn selbst bei einem chinesischen Pfarrer konnte man nicht darauf rechnen, daß er kam, wenn er wußte, daß seine »Rivalen« bereits ihr Teil beigesteuert hatten, um dem Verblichenen Ehre zu erweisen. Die chinesischen Moslems und Christen waren die einzigen, bei denen diese unter ihren Landsleuten sonst allgemein verbreitete tolerante Einstellung fehlte.

Die Menschen, die ich als Agnostiker bezeichnet habe, fanden sich vorwiegend in Behörden und Schulen. Aufgrund ihrer modernen Erziehung waren sie so sorgsam darauf bedacht, keinem »rückständigen Aberglauben« anzuhängen, daß sie sich lieber erst gar nicht zu einer bestimmten Religion bekannten; immerhin hielten sie aber an der konfuzianischen Vorstellung einer vom Himmel eingesetzten moralischen Ordnung fest. Ob der Himmel (*T'IEN*) ein Wesen, ein Zustand oder einfach ein abstraktes Prinzip war, das war von jeher unentschieden geblieben, und das Unvermögen, zwischen »geistig« und »materiell« zu unterscheiden, war von den christlichen Missionaren als Beweis dafür gebrandmarkt worden, daß die Chinesen unverbesserliche Materialisten seien. Es ist aber wahrscheinlicher, daß die Konfuzianer – darin den Taoisten ähnlich – des Glaubens waren, daß alles im Universum aus Geist bestehe. Ich glaube, daß dies die allgemein verbreitete Auffassung in China war, und wenn das zutrifft, hatte das weltliche Aussehen der Gottheiten der Volksregion, die als himmlische Ebenbilder der chinesischen Beamten dargestellt wurden, nichts mit Materialismus zu tun. Die Ansicht, daß Himmel und Erde sich weitgehend ähneln müßten, weil »Materie dem Wesen nach Geist« sei, ist so ziemlich das Gegenteil von der marxistischen Auffassung, die den Geist als ein Produkt der Materie sieht.

Alles in allem war ich nicht sonderlich beeindruckt von dem, was ich vom Konfuzianismus sah und hörte. Theoretisch schien er bewunderungswürdig, vor allem im Hinblick auf die Lehre, daß es die oberste Pflicht des Menschen sei, sich zu läutern und andere in diesem Sinne zu beeinflussen, damit auf diese Weise die Familie und letztlich auch der Staat geläutert würden. Auch läßt sich auf den ersten Blick nichts gegen die Lehre einwenden, daß zu den fünf großen Tugenden Güte, Rechtschaffenheit, Anstand, Weisheit und Ehrlichkeit zählen und daß fünf Beziehungen mit liebevoller Fürsorge auf der einen und treuem Gehorsam auf der anderen Seite gepflegt werden sollten – die Beziehungen zwischen Vater und Sohn, Herrscher und Staatsdiener, Mann und Frau, älterem und jüngerem Bruder, Freund und Freund. Auch solle man die Ahnen ehren und sich von anderen Geistern ehrerbietig fernhalten. Dank dem Konfuzianismus wurden von 106 n. Chr. bis 1905 alle Beamten bis auf die niedrigsten durch staatliche Prüfungen ausgewählt, so daß der einzelne eine hohe Stellung nur aufgrund seiner Bildung und Begabung erwerben konnte und auch Angehörige der untersten gesellschaftlichen Schichten die Möglichkeit hatten, hohe und höchste Stellungen zu erreichen. Trotzdem nahm aber die Macht der Herrscher, Väter und Ehemänner infolge der strikten Beachtung der fünf Beziehungen unumschränkten Charakter an. Die Stellung der Frau war durchaus nicht beneidenswert, und die starke Betonung des Schicklichen führte zu extremem Konservatismus und auch dazu, daß komplizierten zeremoniellen

Vorschriften unverhältnismäßig große Bedeutung beigemessen wurde.

Die gute Seite des Konfuzianismus veranschaulicht die Geschichte von der Mutter des Philosophen Mencius, einer armen Witwe, die dreimal umzog, damit ihr Sohn es nicht so weit zur Schule hätte. Als er einmal die Schule schwänzte, wies sie ihn zurecht, indem sie das Tuch, das sie gerade webte, zerriß, und brachte damit zum Ausdruck, daß er durch die Vernachlässigung seiner Studien gleichsam das Gewebe zerstörte, von dem ihrer beider Existenz abhing. Dann gibt es noch die Geschichte von dem Sohn, der seine Eltern so sehr liebte, daß er sich jeden Abend auf ihr Bett legte, damit die Stechmücken sich mit seinem Blut sättigten und die alten Leute dann in Ruhe schlafen konnten. Aber die Betonung der Kindespflicht gegen die Eltern konnte auch abstoßende Folgen haben. Als China noch ein Kaiserreich war (also bis 1911), gab es zahlreiche Fälle grausamer elterlicher Strenge, wie etwa den Fall eines jungen Mannes, der aus Zorn darüber, daß sein jüngerer Bruder sich geweigert hatte, dem Vater Geld zu borgen, den Jungen mit dem Messer bedrohte und dafür von seinem Vater, dem er doch nur hatte helfen wollen, so scharf zurechtgewiesen wurde, daß er alle Hemmungen vergaß und zurückschrie. Für diesen Verstoß gegen die konfuzianische Sittenlehre begrub ihn sein Vater bei lebendigem Leibe und wurde dann vor Gericht mit der Begründung freigesprochen, daß ein Vater, der von seinem Sohn beschimpft wird, das Recht habe, den Missetäter zu erschlagen.

Daß dieser abschreckende Aspekt des Konfuzianismus in der Praxis bis weit in unser Jahrhundert hinein erhalten blieb, wurde mir klar, als ich einmal in Kunming zur Miete wohnte. Nicht lange vorher hatte sich die Tochter meines Vermieters vergiftet, weil sie ihr Examen nicht bestanden hatte; in dem Abschiedsbrief, den sie hinterließ, brachte sie zunächst mit zärtlichen Worten ihre Dankbarkeit gegenüber ihren Eltern zum Ausdruck und erklärte dann, daß sie ihr Recht auf Leben verwirkt habe, weil die Eltern umsonst so viel Geld für ihre Ausbildung aufgewendet hätten. Ich bin sicher, daß mein Vermieter aufrichtig um sie trauerte, aber er war auch so stolz auf die Ergebenheit seiner Tochter, daß er ihren Abschiedsbrief einrahmen ließ und ihn in seinem Haus an die Wand hängte, damit ihn alle Besucher sähen. Kein Wunder, daß die Taoisten die Neigung der Konfuzianer, die Tugenden der Unterordnung und des Gehorsams gegen die Eltern ungebührlich hervorzuheben, so entschieden verurteilt haben.

Der Satz aus den Konfuzianischen Analekten: »Wenn seine Matte nicht glatt war, setzte sich der Meister nicht darauf«, läßt immerhin ahnen, wie weit es die Konfuzianer mit ihrem Begriff von Sitte und Anstand trieben. Ein junger Freund von mir, der im aristokratischen Viertel von Kanton aufgewachsen war, erzählte mir einmal, daß er Ende der zwanziger Jahre, als er seinen Vater auf einem Besuch bei seinen ehemaligen kaiserlichen Vorgesetzten begleitete, Schande über die ganze Familie gebracht hätte, wenn er auch nur eine einzige Anstandsregel vergessen hätte, beispielsweise die, welchen Fuß man beim Überschreiten einer Türschwelle als ersten aufsetzt. Jeder Schritt, jede Geste war durch ein uraltes Protokoll bis ins einzelne vorgeschrieben; wurde er aufgefordert, sich zu setzen, mußte er kerzengerade auf der Stuhlkante sitzen, um sofort gewandt aufzuspringen, wenn jemand sich herabließ, das Wort an ihn zu richten. Zweifellos entbehrte derlei Formalität nicht einer gewissen Eleganz und sogar Schönheit. Aber sei's drum! Was die Frauen angeht, so sagte mir einmal eine Dame, daß es in ihrer Familie undenkbar gewesen wäre, daß die Frauen zu Bett gingen, ehe nicht die Großeltern sich zurückgezogen hatten; schlimmer noch, sie mußten den ganzen Abend *stehend* in Gegenwart der alten Herrschaften zubringen!

Die taoistische Tradition war ganz anders. Die Eremiten, bei denen ich zu Gast war, wahrten zwar gegenüber dem Fremden ein zeremonielles Betragen, hielten aber keinesfalls die strenge Beachtung von Anstandsregeln für ein wesentliches Element des Lebens in ihrer Gemeinschaft oder überhaupt in der menschlichen Gesellschaft. Im Gegenteil, sie bewerteten Spontaneität am höchsten. Sie waren darauf bedacht, jedem seine Eigenart zu lassen, so daß er genauso mühelos für sich selbst sorgen konnte wie die Bäume im Wald. Was den Gehorsam gegen die Obrigkeit, die Unterordnung, die Ehrerbietung der Kinder gegenüber den Eltern und all diese Tugenden anbetraf, waren sie der Meinung, daß Menschen, die in innigem Einvernehmen mit der Natur lebten, ihrer nicht bedürften. Die Tiere sorgten schließlich auch liebevoll für ihre Jungen, ohne sich Gedanken über Güte und Wohltätigkeit zu machen. Gesetze zu erlassen, sei der sicherste Weg, Verbrecher heranzuziehen. Würde man dagegen die Menschen überzeugen, wie sinnlos es ist, Besitztümer anzuhäufen, überflüssigen Luxus zu begehren und nach Rang und Ansehen zu streben, so würde das Verbrechen verschwinden und Richter und Polizisten könnten getrost zu Hause bleiben und »ihre Kraft sparen«. Wer würde in einer Gesellschaft, in der Gier und Ehrgeiz unbekannt wären, noch rauben, betrügen, Kriege führen wollen?

So sehr ich meine taoistischen Freunde liebte, fand ich ihre Philosophie doch nicht allzu praktikabel. Auf die Bedürfnisse von Dichtern, Philosophen und Mystikern zugeschnitten, schien sie mir wenig Aussicht zu haben, bei normalen Menschen unserer Zeit Anklang zu finden, es sei denn, sie würden von Kindheit an darin unterwiesen und lebten in kleinen, in sich geschlossenen und autarken Gemeinschaften. Zahlreiche taoistische Eremiten befaßten sich damit, die religiösen Bedürfnisse der Bauern zu erfüllen, von deren Hände Arbeit sie lebten. Das von der alten Volksreligion übernommene Pantheon von Göttern und Geistern war um ein eigenartiges Sortiment vergöttlichter Sterblicher bereichert worden. Die höchsten Ränge bekleideten Wesen wie der Jade-Kaiser, die Königliche Mutter der Westlichen Regionen und der zum Gott erhobene Laotse selbst. Diese erlauchten Gestalten standen an der Spitze einer Hierarchie, die von den göttlichen Herrschern verschiedener himmlischer und irdischer Regionen verwaltet wurde. Sie umfaßte Sterngötter, die Gottheiten jedes kleinen Ortes, Naturgottheiten und viele, viele andere. Ich stellte fest, daß diejenigen, denen Gottheiten viel bedeuteten, diese Wesen sehr hoch einschätzten, während die anderen, die ein tieferes Verständnis hatten, sie zwar nicht leugneten, aber doch respektvoll ignorierten.

In taoistischen Einsiedeleien gab es noch Eremiten, die das Tao kultivierten, indem sie sich bemühten, mittels eines als »innere Alchimie« bekannten Prozesses in sich selbst den Embryo eines Geistkörpers zu erschaffen, in den sie bei ihrem Tode eingehen konnten. Dazu bedurfte es, wie ich später erfuhr, eines Yoga-Verfahrens, das Kontemplation, Atemübungen, Muskelbewegungen, Vorstellungskraft und in manchen, damals schon sehr selten gewordenen Fällen – Geschlechtsverkehr umfaßte. All diese Übungen zielten auf die Beherrschung der drei Kräfte (Energien), Geist, Zeugungskraft und kosmische Atemkraft. Es gab aber auch welche, die der Ansicht waren, die »innere Alchimie« hänge eigentlich mit einer esoterischen Art und Weise zusammen, Verbindung mit dem Tao zu erlangen. Auch gab es ein paar Taoisten, die diese »Alchimie« in der Absicht anwandten, sich so tief ins Tao zu versenken, daß die letzten Spuren der Dualität zwischen dem vergänglichen Individuum und dem Urgrund verschwinden würden. Das waren die wahren taoistischen Mystiker.

Recht interessant waren die magischen Aspekte des Taoismus, die relativ weltliche Ding wie Hellseherei, Geisterbeschwörung, Exorzismus und die wunderbare Heilung von Krankheiten umfaßten. Nicht alles davon war Humbug; ich habe Taoisten kennengelernt, die mit beträchtlichem Erfolg als Ärzte und »Psychiater« fungierten, und auch mehr oder weniger überzeugende Beweise für die Existenz übernatürlicher Wesen bekommen. Daß es Dämonen gibt, daran zweifle ich nicht mehr, obwohl ich nicht mit Sicherheit zu sagen wüßte, ob sie einer anderen Ordnung angehören als die Phänomene, die auch im heutigen Westen bekannt sind, wie etwa die »mentalen Faktoren«, die Menschen zu Verhaltensweisen veranlassen, die mit ihrem Charakter absolut nicht zu vereinbaren sind, beispielsweise wenn sich ansonsten gutartige Menschen in der Masse dazu hinreißen lassen, furchtbare Grausamkeiten zu begehen, oder wenn jemand in einen Zustand fällt, den wir (ohne im Grunde viel darüber zu wissen) als Psychose oder Schizophrenie bezeichnen. Weitere Beispiele wären die Wesen, die in Visionen und erstaunlich lebhaften Träumen erscheinen, sowie diejenigen, die uns jene plötzlichen Intuitionen eingeben, die oft mit dem »zweiten Gesicht«, der »Stimme des Gewissens«, dem »Schutzengel« oder »Gott« in Verbindung gebracht werden.

Die Eigenart des populären (im Gegensatz zum quietistischen oder philosophischen) Taoismus läßt sich am besten durch ein paar Geschichten wiedergeben, in denen Vorstellungen dominieren, die aus der alten Volksreligion stammen. Sie bewegen sich auf einer ganz anderen Ebene als die Höhenflüge chinesischen Denkens, aber sie besitzen einen gewissen pittoresken Charme.

Ein Seidenhändler namens Tseng, der in der Nähe von Chiuchiang lebte, brachte sich selbst ins Unglück, weil er es einmal zu eilig hatte. Als er im Boot flußaufwärts durch die Schlucht des »Drachenteich-Onkels« fuhr, verbot er seinen Ruderern, anzuhalten und dieser Gottheit die Achtung zu erweisen, wie der Brauch es forderte. Bei Nacht erhob sich ein Unwetter, das Wasser des Flusses überschwemmte den Lagerplatz und zerstörte die Seiden- und Satinballen des Kaufmanns. Überdies ließ sich der Drachenteich-Onkel vernehmen, wie er mit Sturm- und Donnerstimme die Worte sagte: »Dem alten Tseng eine Strafe von zehn Jahren für seine Unhöflichkeit!« Von da an gingen die Geschäfte des Kaufmanns immer schlechter. Seine Gemahlin ging aus Kummer über ihre plötzliche Armut schon bald zu den Gelben Quellen (starb). Seine Lieblingskonkubine begann, ihre Reize auf einem Blumenboot feilzubieten, wo alle, die einen Groll gegen Tseng hegten, sich grölend um ihre Gunst bewarben. Und seine Kinder gingen fort in die Stadt und mußten niedrigste Arbeiten verrichten, um ihr Leben zu fristen. Tseng selber jedoch zog als Bettler umher und mußte viele Jahre lang bittere Not leiden. Eines regnerischen Tages kam er zufällig an einem dem Drachenteich-Onkel geweihten Schrein vorbei, und um sich die Zeit zu vertreiben, machte er sich daran, das löchrige Dach des Schreins zu reparieren. Beim Sammeln flacher Steine für diesen Zweck sah er, daß ein Krug aus dem Schlamm ragte, der bis zum Rand mit Silberstücken angefüllt war. Er verstand es, diesen Schatz klug zu mehren, kam wieder zu Wohlstand und konnte seine in alle Winde zerstreute Familie wieder zusammenführen und sogar Ersatz für die zwei Frauen finden, die er verloren hatte, indem er zwei verwaiste Schwestern zu sich nahm. Doch in dem Maße, wie sein Reichtum wuchs, schwand seine Zufriedenheit, und er begann sich nach den Tagen zurückzusehnen, als seine ganze Habe in ein paar zerlumpten Kleidern, einem Bambuskissen und einem zerschlissenen Papier-Regenschirm bestanden hatte. Des Gezänks seiner Frauen und Kinder endgültig überdrüssig, zog er seine ältesten Kleider an, schlich sich in der Nacht aus dem Haus und wanderte bis zum Berg Heng, wo er sich als taoistischer Eremit niederließ. Nun begann er einen Reichtum ganz anderer Art zu genießen, den Gesang des Windes in den Kiefern, das silbrige Glänzen des Wasserfalls, die Perlmutt- und Korallenfarben des Sonnenuntergangs, wovon nichts ihn auch nur einen Augenblick lang ängstigte. Er erreichte ein hohes Alter und erwiderte jedem, der ihn nach seinem Namen fragte: »Ich bin ein Schuldner des Drachenteich-Onkels.«

Eine andere Geschichte handelt von dem Vizekönig von Liangkuang, dem zwei Palasteunuchen Unsummen abgepreßt hatten, als Gegenleistung dafür, daß sie ihrem kaiserlichen Herrn nicht gewisse Dinge ins Ohr flüsterten. Da er sich keinerlei Rat wußte, wie er diese riesigen Beträge wiedergewinnen sollte, ließ der Vizekönig einen Taoisten aus seiner Klause in den Bergen holen und befahl ihm, gewöhnliches Metall in Gold zu verwandeln. »Tu, was ich dir aufgetragen habe«, sagte er leise zu ihm, »damit ich nicht auf den Gedanken komme, hundert Hiebe mit dem schweren Bambus seien die letzte Ingredienz, die noch fehlt!« Um die angedrohte Strafe hinauszuschieben, überreichte der unglückselige Weise dem Vizekönig zwei Goldbarren, die er in seinem Ärmel verborgen hatte, bevor er sich mit seinen Wächtern auf den Weg zum vizeköniglichen Palast in der Stadt der Widder machte. Der Vizekönig ließ sich seine Begeisterung nicht anmerken und sagte nur freundlich: »Sehr gut, aber du mußt eilends hundertmal soviel Gold machen; wer weiß, zu welchen Maßnahmen ich mich sonst gezwungen sehen könnte!« Das nächste Mal erschien der Taoist notgedrungen mit leeren Händen vor dem Vizekönig, und um sich ein für allemal seinem Zugriff zu entziehen, schrie er ihm aufrührerische Phrasen der Taiping-Rebellen ins Gesicht, womit er sein Leben verwirkt hatte. Als aus der Hauptstadt die Bestätigung seines Todesurteils eintraf, wurde er öffentlich enthauptet; doch zur grenzenlosen Verwunderung der Zuschauer stieg aus dem Blut, das seinem Rumpf entströmte, eine weiße, wie Perlmutter glänzende Wolke auf, in deren Mitte man den Geistkörper des Taoisten erblickte, der in prachtvollen Gewändern gelassen auf einem Sofa ruhte. Voller Reue darüber, den Tod eines so offenkundig heiligen Mannes herbeigeführt zu haben, ließ der Vizekönig einen schönen Schrein errichten, zu dem er sich täglich begab, um dem illustren Geist Gebete in eleganter dichterischer Sprache darzubringen, die, von seiner eigenen Hand in makelloser Kalligraphie geschrieben, das heilige Feuer himmelwärts trug. Es ist überliefert, daß der verstorbene Taoist, durchaus zufrieden mit seinem Dasein als Unsterblicher, es verschmähte, seinen einstigen Peiniger zu bestrafen. Im Gegenteil, der Geist und der Lebende wurden gute Freunde und ersannen gemeinsam so manches bezaubernde Gedicht.

Eine dritte Geschichte berichtet von einer Begebenheit unter der Herrschaft des Kaisers Tao Kuang. Ein paar Adlige aus Tsohsien in der Provinz Shantung, denen ein fideler Bauer, den seine Freunde Bully Tu nannten, aus irgendeinem Grund ein Dorn im Auge war, erreichten durch Bestechung des zuständigen Beamten, daß er für einen Mord

43

zum Tode verurteilt wurde, den in Wirklichkeit sie selbst angestiftet hatten. Während man auf die kaiserliche Bestätigung des Urteils wartete, hallten die Gefängniszellen vom Wehgeschrei des unglücklichen Todeskandidaten wider, bis es ihm eines Nachts gelang, seinen Gürtel an einem Balken festzumachen und sich daran zu erhängen. Bei seiner Leiche fand man einen mit seinem eigenen Blut beschriebenen Zettel, auf dem er den Beamten und fünf Adlige der Umgebung beschuldigte, durch eine Verschwörung den Tod eines Unschuldigen herbeigeführt zu haben. Es hieß, einige seiner Mitgefangenen hätten gehört, wie er feierlich gelobt habe, als Dämon wiedergeboren zu werden und danach zu trachten, diese Untat zu rächen. Ein Jahr später beantragte der Beamte, nachdem er vom Tod seines alten Vaters erfahren hatte, den üblichen Urlaub, um den Trauerfeierlichkeiten beizuwohnen. Als er in Begleitung zweier berittener Diener nach seiner Heimatprovinz unterwegs war, geriet er ganz plötzlich in einen dichten Nebel, so daß die Diener ihn aus den Augen verloren. Da ihnen nichts Besseres einfiel, galoppierte der eine weiter, während der andere kehrtmachte. Dieser zweite Mann sollte gleich darauf einen fürchterlichen Schreck bekommen. Als er an eine Stelle kam, wo die Sonne den Nebel durchbrach, sah er gerade noch, wie sein Herr von einer riesigen Gestalt aus dem Sattel gerissen wurde, deren Umrisse bis auf die ins Gigantische gesteigerte Größe genau denen von Bully Tu glichen. Ehe er eingreifen oder fliehen konnte, wurde der Beamte in die Luft gerissen und mit solcher Wucht zu Boden geschleudert, daß sein Schädel wie ein Ei auf den granitenen Pflastersteinen zerbarst. Zwei andere der in Bully Tus Anklage erwähnten Adligen ereilte nicht lange danach ein ähnliches Schicksal, und die drei Überlebenden schlossen sich daraufhin in ihren Häusern ein und schickten

einen dringenden Hilferuf an den Einsiedler auf dem Berg
T'ai, der weithin als Dämonenaustreiber bekannt war. Als
abermals Bully Tus schattenhafte Riesengestalt vor einem
der auserwählten Opfer aufragte, sprach der Einsiedler,
der das Geschehen wunderbarerweise von seiner Klause aus
wahrnahm, einen Zauberspruch, der den Dämon im selben
Moment vor ihn brachte. »Bully Tu«, rief er aus, »du solltest wirklich nicht so rachsüchtig sein! Magst du auch nicht
des Verbrechens schuldig sein, dessen diese Leute dich bezich-
tigten, so hast du doch gewiß andere böse Taten vollbracht,
denn sonst wäre das Schicksal dir gnädiger gewesen. Du
bleibst am besten eine Weile hier bei mir und läßt dich über
das Erhabene Tao unterrichten. Daß du entleibt bist, soll
uns nicht weiter stören, und wenn du dich gelehrig an-
stellst, wer weiß, wie weit du es dann noch bringen kannst?
Binnen zehn Jahren könnte ein in den Wolken wohnender
Unsterblicher aus dir werden, der sich von Tau und Mondstrahlen ernährt und nach Belieben zwischen den Sternen
umherfliegt.« Voller Eifer nahm der Dämon seine Ko-
boldgestalt an und schlüpfte in eine Kürbisflasche, die sein
neuer Lehrmeister am Gürtel trug, woselbst er während
der folgenden Lehrzeit glücklich und zufrieden wohnte.

Solche Geschichten, so wenig sie zur Erhellung der
Schönheit und Erhabenheit des Taoismus in seinen höheren
Erscheinungsformen beitragen mögen, vermitteln immerhin eine gewisse Vorstellung von dem farbenfrohen Hintergrund, vor dem die taoistischen Mystiker ihren hohen
Idealen nachgingen. Der volkstümliche Aspekt begegnete
mir auf Schritt und Tritt; der andere war seltener und bis
zu einem gewissen Grad verborgen. Es liegt im Wesen echter Mystiker, daß sie ihre Fähigkeiten nicht zur Schau stellen oder irgendwie auf sich aufmerksam zu machen suchen,
denn mit dem Fortschritt in spirituellen Dingen schwindet

das Bedürfnis nach Ruhm. Wie könnte einer, der die Wahrheit des Nicht-Ich entdeckt hat, das Erreichte dadurch wieder zunichte machen, indem er erklärte: »*Ich* habe es erreicht«? Wenn im Reich der Mystik jemand lauthals verkündet, er habe dies oder jenes erreicht, ist das ein sicheres Zeichen von Betrug oder Selbstbetrug.

Wie im Taoismus gab es auch im Buddhismus, der vor etwa zweitausend Jahren nach China kam, Praktiken und Glaubensvorstellungen der verschiedensten Art, die vom Volkstümlichen bis zu höchsten spirituellen Ebenen reichten. Ein charakteristischer »chinesischer Buddhismus« hatte sich allmählich herausgebildet, der Form nach stark vom Taoismus beeinflußt, im Inhalt aber nach wie vor dem Mahayana-Kanon folgend, der im Laufe der Jahrhunderte vom Sanskrit ins Chinesische (und auch ins Tibetische) übersetzt worden war. Die zahlreichen Sekten, in die der Buddhismus in früherer Zeit aufgespalten war, hatten sich zum großen Teil wieder vereinigt. Sowohl in China wie in Tibet bedeutete die Zugehörigkeit zu dieser oder jener Sekte eher, daß man von Lehrern unterwiesen worden war, die sich einer bestimmten geistigen Ahnenreihe zugehörig fühlten, als daß man bestimmte Lehren oder Methoden verfochten und andere verworfen hätte. In der Praxis wandte jeder diejenige Methode an, die seinem Temperament und seinen Fähigkeiten am meisten entsprach. Da es jedoch sechs verschiedene Methoden gab, die jeweils verschiedene Teilgebiete der Lehre betonten, könnte man in den Jahren, die ich in China verbracht habe, von etwa sechs verschiedenen Sekten sprechen. Da sie sich bis heute in Hongkong, Taiwan und in chinesischen Kolonien in Übersee erhalten haben, kann man von ihnen als gegenwärtig reden.

Die Sekte des Reinen Landes (Ching T'u Tsung) betont

Glauben und Mitleid und kennt eine spezielle Yoga-Methode des tief konzentrierten Aufsagens einer einzigen heiligen Formel.

Die Ch'an-Sekte (außerhalb Chinas besser bekannt unter ihrem japanischen Namen Zen) legt kaum Wert auf das sorgfältige Studium bestimmter Lehren, sondern zieht die Methode direkter Erfahrung durch Meditation auf der Grundlage einer Lehre vor, von der man vielleicht nur begrenzte Kenntnis hat. (Logisch gesehen steht sie insofern im Widerspruch zur Sekte des Reinen Landes, als sie die »Ich-Kraft« im Gegensatz zur »Anderen Kraft« hervorhebt; bei den Chinesen gelten jedoch beide allgemein als zwei Aspekte einer einzigen »Kraft«.)

Die Hua-Yen-Sekte stellt die gegenseitige Durchdringung aller Wesenheiten und die letztendliche Einheit von Tatsache und Prinzip in den Mittelpunkt; ihre Praxis verbindet intellektuelles Verstehen mit Meditation.

Die T'ien-t'ai-Sekte ist synkretistisch und möchte scheinbar unvereinbare Richtungen des Denkens in Einklang bringen (den Konfuzianismus eingeschlossen). Sie hebt hervor, daß Wesenheiten zugleich Form und Leere besitzen, und hat ein sehr bedeutendes eigenes Meditationssystem entwickelt.

Die Esoterische Sekte (Mi Tsung) mißt der Lehre und der Yoga-Meditation gleich große Bedeutung bei. In mancher Hinsicht ist sie der Form nach eher indisch als chinesisch; sie wurde nach dem Verschwinden der für die chinesische Eigenart typischeren Sekte dieses Namens neu aus Tibet nach China eingeführt.

Die Sekte des Reinen Bewußtseins (Wei Shih Tsung) kommt in ihrem Ansatz mehr vom Intellekt her als von der Andacht oder der Erfahrung. Obwohl sie hervorhebt, daß das Bewußtsein die einzige Realität sei, betrachtet sie dennoch das Bewußtsein als aus »Samen« oder Monaden zusammengesetzt.

Die Vertreter all dieser Praktiken und Lehren, vielleicht mit Ausnahme der Anhänger der Lehre des Reinen Bewußtseins, streben alle nur nach Einem – das Ziel des Mystikers zu erreichen. Institutionell waren die Sekten lange Zeit auf einzigartige, typisch chinesische Weise miteinander verbunden. In den meisten Klöstern wurden nebeneinander Andachtsübungen der Sekte des Reinen Landes, Meditation nach Art des Ch'an (Zen) und Studien (zuweilen auch Meditation) gemäß den Lehren aller Sekten gehalten. Nur die Esoterische Sekte neigte dazu, sich abzusondern, vor allem weil sie stärker auf die Unterweisung mongolischer oder tibetischer Lamas als die chinesischer Mönche zurückgriff.

Das meiste von dem, was ich über die Praktiken der verschiedenen chinesischen Sekten zu sagen habe, findet sich in den betreffenden Kapiteln des Buches. Leider ist es unmöglich, dem unvorstellbaren Reichtum des chinesischen Buddhismus gerecht zu werden, dessen Glanz sich nicht nur in seiner erhabenen mystischen Praxis und seiner tiefsinnigen Philosophie äußert, sondern auch in einer Fülle von Kunstwerken, zumal Gedichten, Gemälden und plastischen Bildwerken. Wie der Taoismus entfaltete er sich jedoch am weitesten auf der volkstümlichen Ebene und wurde auf ähnliche Weise, wenn auch in geringerem Ausmaß, von der Volksreligion beeinflußt. Die folgende Geschichte ist recht typisch für die Art von Legenden, wie sie jene frommen buddhistischen Laien erzählten, die sich mit Wundern besser auskannten als mit der schwierigen Aufgabe der spirituellen Arbeit an sich selbst.

Der heilige Berg Wu-t'ai, so glaubte man, steht unter dem Schutz von Wenshu (Manjusri Bodhisattva), der Personifikation der Buddha-Barmherzigkeit. Unter den vielen Geschichten von wunderbaren Begebenheiten handelt eine von einem kleinen Mädchen, das mit seinen Eltern auf eine Pilgerfahrt ging. Fromm stiegen sie zu Fuß auf jeden der fünf heiligen Gipfel, anstatt bequem auf ihren Maultieren hinaufzureiten. Als sie auf einem schmalen, halsbrecherischen Pfad dem südlichen Gipfel zustrebten, begegneten sie einem Bettler, der an einer Stelle stand, wo man ihn schwerlich übersehen konnte. Während aber die Eltern mit abgewandtem Blick rasch an ihm vorbeigingen, blieb das Mädchen stehen und redete ihn freundlich an. »Wenn du das Kloster dort oben erreicht hast«, sagte der Bettler, »wird man dir ein gutes Essen vorsetzen. Ich hoffe, du wirst dann einen Gedanken erübrigen für einen, der sich nicht einmal einen Maiskuchen oder eine Schüssel Wassersuppe kaufen kann.« Da sie wußte, daß ihre Börse leer war, hielt das Mädchen dem armen Alten spontan ihr einziges Schmuckstück hin, einen dünnen Silberring, und sagte: »Verzage nicht, Onkel. Dafür bekommst du bestimmt ein gutes Essen.« Sie hatte kaum ausgeredet, da verwandelte sich die zerlumpte Gestalt in ein strahlendes Wesen, das lächelnd den Ring zurückgab und ihr prophezeite, daß sie für ihre Großmut belohnt werden und großes Glück haben werde. Da sich in der Gestalt des »Bettlers« kein anderer als Wenshu selbst verborgen hatte, wurde diese Prophezeiung auf die schönste Art Wirklichkeit. Das Mädchen ging nicht nur eine vorteilhafte Heirat ein, sondern erlangte auch einigen Ruhm als Dichterin und war bei Göttern und Menschen gleichermaßen beliebt und angesehen.

Auf einer anderen Ebene steht eine Anekdote im Ch'an (Zen)-Stil, die auf einem Erlebnis beruht, das ich in einem Gebirgskloster in der Nähe des reizvollen Erh-hu-Sees in

Kungming hatte. Als ich eines Abends mit einem jungen Mönch plauderte, der mich oft in meiner Zelle besuchen kam, hörte ich ein Klopfen an der Tür. Mit dem Ruf »Wer ist da?« öffnete ich die Tür und trat auf den Gang hinaus, doch es war niemand zu sehen. Ich wunderte mich natürlich, bis mein junger Freund sagte: »Ihre Frage muß ihn verscheucht haben.« Da verstand ich. Während der Meditationsstunden in diesem Kloster hatten wir uns mit dem Rätsel »Wer bin ich?« befaßt und systematisch eine Schicht des Ich nach der anderen abgestreift, in der Hoffnung, zur direkten Wahrnehmung unserer wahren Natur zu gelangen, in der es kein »Ich« mehr gibt. Mein Besucher hatte mir klargemacht, daß die einzige mögliche Ch'an-Antwort auf die Frage »Wer ist da?« lautet: »Niemand«. Übrigens hatte mir der Abt dieses Klosters am Tag seiner Ankunft dieselbe Lehre erteilt. Nachdem er mich nach meinem Namen gefragt und ich ihn genannt hatte, hatte er ziemlich brüsk geantwortet: »Bitte geben Sie sich während Ihres Aufenthalts hier im Kloster Mühe, den *Träger* dieses Namens ausfindig zu machen!«

Buddhisten aller Schattierungen hielten die Wiedergeburt für eine erwiesene Tatsache. Von der Existenz dieses Phänomens zeugen zahlreiche Geschichten, für die die folgende charakteristisch ist: In der Region Meihsien der Provinz Kwangtung lebte ein Ehepaar namens Ch'en, das während einer Pockenepidemie seinen siebenjährigen Sohn verlor. Außer sich vor Kummer und eingedenk mehrerer Warnungen, daß ihr Haus an einer geomantisch ungünstigen Stelle stehe, zogen sie in einen anderen Teil des Dorfes und machten sich Vorwürfe, dies nicht schon früher getan zu haben, womit sie vielleicht den allzu frühen Tod ihres Kindes verhütet hätten. Neun Jahre danach erhielten sie Besuch von einem Fremden, dessen Dialekt ihn als Einheimischen von

Ch'aochou auswies, einem Distrikt, der von ihrem eigenen ein gutes Stück entfernt war. Ohne zunächst auf den Zweck seines Besuchs einzugehen, bemerkte dieser Fremde mit offenkundiger Enttäuschung: »Ich fürchte, es liegt hier ein Irrtum vor. Ich hatte erwartet, Sie in einem Haus oberhalb des Dorfbrunnens zu finden, dessen Fenster mit Perlmutter verziert sein sollten.« Herr Ch'en warf seiner Frau einen unbehaglichen Blick zu und erwiderte, daß sie tatsächlich in diesem Haus gewohnt hätten, nach einem tragischen Todesfall in der Familie jedoch umgezogen seien. Bei diesen Worten hellte sich die Miene des Fremden auf, und er fuhr fort: »Hatten Sie nicht auch ein Kürbisbeet im Garten und gleich dahinter einen Schweinestall? Ja? Ausgezeichnet. Erlauben Sie mir also, Ihnen zu erzählen, was mich zu Ihnen geführt hat.«

Der Grund, weshalb er in diese Gegend gekommen war und die Familie Ch'en aufgesucht hatte, war das seltsame Betragen seines neunjährigen Neffen, der mit Spitznamen »Dreierchen« gerufen wurde. Schon seit Jahren hatte der Junge die Besorgnis seiner Eltern erregt, indem er immer wieder von einem Mann und einer Frau gesprochen hatte, von denen er steif und fest behauptete, sie seien seine »anderen Eltern«! Auch beharrte er darauf, daß sein Nachname nicht Yuan, sondern Ch'en laute. Keine Strafe hatte ihn von seinem Eigensinn zu heilen vermocht, so daß sein Vater, dem die Konsequenz seiner scheinbar phantastischen Behauptung zu denken gab, die Sache ernstzunehmen begann. Dadurch ermutigt, hatte der Junge in allen Einzelheiten das Haus und das Dorf beschrieben, in dem er angeblich sein »früheres Leben« verbracht hatte. Insbesondere hatte er die Perlmutterfenster, aus denen man auf den Dorfbrunnen hinabsah, das Kürbisbeet und den Anbau erwähnt, der als Schweinestall diente. Nach langem Herumfragen hatte sein Onkel das Dorf gefunden, das, soviel er bisher gesehen hatte, genau der Beschreibung des Jungen entsprach – was äußerst merkwürdig war, denn der Junge war in seinem kurzen Leben noch nie in diesem Teil des Landes gewesen und hatte auch niemanden aus Meihsien kennengelernt, der ihm von dem Dorf hätte erzählen können.

Bereitwillig nannte Herr Ch'en den Todestag seines Sohnes, und es stellte sich heraus, daß der andere Junge ungefähr neun Monate danach zur Welt gekommen war! Zutiefst verwundert lud der Besucher sogleich die Ch'ens ein, ihn in den Distrikt Ch'aochou zu begleiten und selbst mit dem Kind zu sprechen. Sie erklärten sich sofort dazu bereit, und obwohl ihr Kommen nicht angekündigt worden war und niemand verriet, wer sie waren, hatte der Junge sie kaum aufs Haus zukommen sehen, als er ihnen auch schon aufgeregt entgegenlief und sie mit dem Ruf »Mama! Papa!« begrüßte und dies obendrein in ihrem eigenen Meihsien-Dialekt. Zwischen den beiden Familien entwickelte sich daraufhin eine herzliche Freundschaft, und keines der beiden Paare trug dem Jungen seine Zuneigung zum anderen nach.

Im Laufe der Jahre, die ich in China verbrachte, habe ich viele solche Geschichten gehört, manche davon mit derselben Genauigkeit im Detail. Ich habe sogar zwei oder drei Menschen kennengelernt, die behaupteten, sie hätten sich als Kinder an viele Einzelheiten aus ihrem früheren Leben erinnert. Die meisten dieser Geschichten glichen sich in einem wichtigen Punkt, nämlich dem, daß diese Menschen in ihrem früheren Dasein jung gestorben waren. Ich kann mich an keinen einzigen halbwegs genauen Bericht erinnern, in dem dieses Merkmal gefehlt hätte. Das läßt vermuten, daß derlei Erinnerungen nur von denjenigen bewahrt werden, deren früheres Leben schon im zarten Alter ein vorzeitiges Ende nahm.

Nach dieser recht flüchtigen Betrachtung der volkstümlichen religiösen Szene im vorkommunistischen China wollen wir uns jetzt wieder dem Thema Mystik zuwenden, um uns eingehender mit den Methoden zu befassen, die zur intuitiven Einsicht in den wahren Sinn des Daseins führen. Wenn es den Anschein hat, daß manche der geschilderten Methoden in bedenklicher Nähe von Volksweisheit und Aberglauben liegen, so sollte man sich ins Gedächtnis rufen, daß Intellektualismus und Gelehrtenwissen in der Regel nichts mit mystischer Erfahrung zu tun haben und daß die angewandten Yoga-Techniken für alle Menschen geeignet sein sollen, vom absoluten Analphabeten bis zum ausgesprochenen Intellektuellen.

3
Der Weg der Betrachtung und der Ergebenheit

Taoistischer Quietismus

Selbst in der alten Zeit vor der Revolution fand nur selten ein Besucher den Weg zur Mondterrassen-Einsiedelei hinauf. Der steile, beschwerliche Anstieg und die weite Entfernung zum nächsten größeren Ort allein hätten indes die Pilger kaum fernzuhalten vermocht, denn derlei Beschwernisse gehörten für viele fromme Menschen ganz selbstverständlich zu einer richtigen Pilgerfahrt. Unter anderen Voraussetzungen hätten sogar alte Damen mit ihren winzigen eingebundenen Füßen, die man einst als goldene Lilien bezeichnete, mit Freuden diese Reise auf sich genommen, selbst wenn sie Tage gebraucht hätten, um von dem nächstgelegenen Ort aus, der noch mit einem Gefährt zu erreichen war, zu dem Kloster hinauf zu humpeln und notfalls zu kriechen. Außerdem bestand immer die Möglichkeit, eines der leichten, primitiven, sänftenähnlichen Bambusgestelle zu mieten und sich darin den Berg hinauftragen zu lassen, auf den Schultern von zwei oder drei Trägern, die nur zu gerne für ein paar Münzen Herz und Lunge anstrengten. Nein, der eigentliche Grund war, daß die Einsiedler, obgleich sie es bei keinem, der dennoch kam, an Höflichkeit fehlen ließen, viele Besucher dadurch enttäuschten, daß sie keinerlei eindrucksvolle religiöse Rituale vorführten. Selbst an hohen Festtagen wie der Sommer- und Wintersonnenwende brannten nur zwei armselige Kerzen auf dem Altar, und Pilger, die Weihrauch verbrennen wollten, mußten das für sich allein tun – ohne Musik, ohne besondere Riten, ganz so als knieten sie bei sich daheim vor ihrem Hausaltar. Es hatte sich herumgesprochen, daß es den Einsiedlern, mochten es auch schlichte, untadelige Männer sein, an der rechten Demut vor den Göttern mangele und man sie eher faul in der Sonne liegend als vor dem Altar kniend antreffe.

Vieles, was mir zu Ohren kam, ließ in mir den Entschluß reifen, diesen Ort aufzusuchen. Ich stellte fest, daß man mir seine Abgeschiedenheit und die Mühsal des Aufstiegs nicht übertrieben dargestellt hatte. Von Kanhsien aus fuhr ich fast zwei Tage mit dem Flußboot, wanderte dann noch zwei Tage zu Fuß durch Reisfelder inmitten sanft geschwungener Hügel und kam schließlich an eine Kette niedriger Berge, wo der Boden so karg war, daß die Terrassenfelder an ihren Hängen schon lange nicht mehr bestellt wurden. Einem felsigen Wasserlauf folgend, stieg der Pfad steil an, und von da an führte er fast ununterbrochen aufwärts. Keuchend und schwitzend schleppte ich mich inmitten der zackigen Felsen bergan und verwünschte dabei die Neugier, die mich bewogen hatte, eine Einsiedelei in diesen Bergen aufzusuchen, die mir um so unwirtlicher und trokkener vorkamen, wenn ich sie mit der üppigen Vegetation der umliegenden Gegenden verglich, wo reichlicher Sonnenschein, warmer, sanfter Regen und Nebel wie weiche weiße Seide alles blühen und gedeihen lassen.

Aber schon bald wurde ich eines Besseren belehrt. In halber Höhe wuchsen hohe, gefiederte Grasbüschel inmitten lebloser Felsen und Geröllhalden. Noch weiter oben gab es Kieferngehölz, und die Felsen, sei es, weil sie nicht so gut gegen die regenbringenden Winde abgeschirmt waren oder weil sie mehr Schatten bekamen, waren grün bemoost. Je weiter ich stieg, um so mehr begann meine Umgebung einem anmutigen chinesischen Landschaftsbild zu gleichen.

Endlich stieg der Pfad nur noch sanft an, bis ich hinter einer Biegung an einen Wall von hohen, dunklen Felsen kam, die aus dem sanft abfallenden Boden aufragten und in die eine steile Treppe mit unregelmäßig angeordneten Stufen gehauen war. Diese Felsen waren nicht nur nahezu schwarz, sondern auch angenehm bizarr geformt und voller Löcher und Spalten, in denen sich allerlei Moos und kleine Gebirgspflanzen eingenistet hatten, die mit ihrem frischen Grün einen heiteren Kontrast zu dem düsteren Fels bildeten. Die Stufen waren zyklopisch; ich mußte jeweils mit beiden Füßen auf einer stehen, bevor ich die nächste angehen konnte. Sie führten zu einem leicht gewellten Vorsprung hinauf, der ideal für eine Festung gewesen wäre, denn er war auf zwei Seiten von lotrecht aufsteigenden Wänden, auf der dritten von einer tiefen Schlucht mit einem tosenden Gebirgsbach und auf der vierten schließlich von einem steilen Absturz begrenzt, so daß man ihn auf keinem anderen Wege erreichen konnte als über die Treppe, die ich eben erklommen hatte.

Mit der Rückseite an den oberen Abhang gelehnt stand die Einsiedelei da, ein Genist niedriger, grau gedeckter Dächer mit eingestreuten Kiefern und Zedern, umschlossen von einer unregelmäßig verlaufenden Ziegelmauer, die sich wie der Rücken eines Drachen auf und ab schlängelte. Die Gebäude muteten unsagbar alt und düster an, aber nicht abweisend. Es lag ein eigenartiger Reiz in den Konturen dieser wuchtigen, leicht aufwärts gezogenen Giebel und eine Art Harmonie, jedoch nicht Symmetrie, in der Anordnung der Bauten. Keine Fenster durchbrachen die Fläche der Außenmauer, sondern nur ein überdachtes Tor, das an ein Friedhofstor erinnerte und mit zwei massiven Flügeln aus schwarz lackiertem Holz verschlossen war. Die einzigen lebhaften Farbtupfer waren ein grün und weißes *Yin-*

Yang-Symbol von etwa zwei Fuß Durchmesser, das sich in der Mitte teilte, wenn die Torflügel geöffnet wurden, und ein Brett mit der in grüner Kalligraphie gestalteten Aufschrift YUEH T'AI TAO YUAN (Mondterrassen-Einsiedelei).

Nachdem ich etliche Male geklopft hatte, ließ mich ein kleiner, helläugiger alter Mann ein, der einen Bart hatte und nach ländlich-taoistischer Art gekleidet war. Er trug eine Kappe aus himmelblauem Leinen mit einem Loch an der Spitze für seinen Haarknoten, den er mit einem dicken Holzpflock festgesteckt hatte, ein loses Gewand aus demselben Stoff und Tuchsandalen mit dicken Strohsohlen. Mir schien, daß diese Kleidungsstücke selbstgefertigt waren und daß wahrscheinlich sogar der Stoff von den Einsiedlern oder ihren Dienern aus Flachs, der aus der Gegend stammte, gewebt worden war. Wie es der Brauch wollte, verneigten wir uns oft und tief voreinander, wobei jeder die eine Hand um die zur Faust geschlossene andere legte und sie mit ausgestreckten Armen feierlich auf und ab bewegte. Unter ausgedehnten gegenseitigen Höflichkeitsbezeigungen erkundigte sich jeder nach dem Namen des andern, und ich erfuhr, daß ich ihn mit Hsüan-ku Tao-jen (Einsiedler vom Dunklen Tal) anzureden hatte. Die Gebäude waren um kleine Innenhöfe gruppiert. Er ging mir voran zu einem, den man durch eine vasenförmige Öffnung in einer Zwischenmauer betrat, und geleitete mich in die erste von mehreren kleinen Zellen, die alle nur spärlich durch ein mit Papier bespanntes Lattenfenster auf der Türseite erhellt wurden. Der Platz reichte gerade für das schmale verhängte Bett, eine Truhe für die persönliche Habe, einen winzigen Tisch und einen einzelnen Stuhl. Auf dem Bett lagen saubere, bunt gemusterte Decken und ein Kissen, das mit irgendwelchen süßlich duftenden Körnern oder Samen gefüllt war. Der alte Mann murmelte etwas und verschwand, kam aber gleich mit einer Teekanne in einem gepolsterten Körbchen, einer henkellosen Tasse, die einen Deckel hatte und auf einer länglichen Untertasse stand, sowie einem Teller mit süßen Reismehlwaffeln wieder. Nach ihm trat ein junger Bursche mit einem bronzefarbenen Gewand ähnlicher Machart ein. Dieser brachte eine kupferne Waschschüssel mit warmem Wasser, ein Handtuch und – zu meiner großen Überraschung – ein unbenutztes Stück teurer englischer Seife, welches, der abgeschabten Verpackung nach zu schließen, jahrelang für einen besonderen Anlaß aufgehoben worden war. Traf dies zu, wie geehrt mußte ich mich fühlen, daß sie es ausgerechnet für mich hervorgeholt hatten – einen Barbaren, der viel zu unbedeutend war, um solche Aufmerksamkeit zu verdienen! Ich wickelte die Seife aus, roch ihren angenehmen Duft und seifte mir ausgiebig das Gesicht damit ein. Dabei entlockte mein sichtliches Behagen den beiden Männern ein Lächeln der Genugtuung.

Nachdem sie mich zu zwei Tassen Tee und mehreren Reismehlwaffeln genötigt hatten, die man unmöglich beißen kann, wenn man sie nicht vorher in heißen Tee getaucht hat, machte der Einsiedler vom Dunklen Tal mit mir einen Rundgang. Es ließ sich sonst niemand blicken, denn die anderen Eremiten widmeten sich der Meditation, der Gartenarbeit oder dem Kräutersammeln höher droben auf dem Berg, oder sie streiften auf seinen Abhängen umher und genossen den Abendsonnenschein. Die Höfe glichen sich alle weitgehend, aber jeder hatte ein oder zwei schöne Bäume und jeweils ein anderes Arrangement von Blütensträuchern in Töpfen, ein Steingärtchen oder einen Zierteich mit Seerosen. Es gab nur zwei größere Räume – eine niedrige Halle, die als Refektorium und für jene seltenen Zusammenkünfte benutzt wurde, wie sie in einer Gemeinschaft von nur sieben Eremiten und drei jungen Burschen für notwendig befunden wurden, sowie eine Kapelle, ein Tempelchen, das der Mondgöttin Tsang O geweiht war. Eine recht schäbige, doch kunstvoll geschnitzte und bemalte Holzplastik stellte sie als schönes junges Mädchen dar, das träge auf einem Diwan saß. Aus ihrer lässigen Pose hätte man schließen können, daß sie eine sinnliche Göttin sei, eine Schwester der Venus, aber ihr kühler und recht hochmütiger Ausdruck war der eines menschlicher Leidenschaft entrückten Wesens. Näher an der Rückwand und beiderseits der Göttin waren kleinere Bildwerke, die Lao-tse, eine bärtige Gestalt, die einen Roßhaar-Wedel in verblichenem Scharlachrot in der Hand hielt, und den Unsterblichen von der Krummen Kiefer darstellten, den Gründer der Einsiedelei, dem es gelungen sein mußte, das Elixier der Jugend zu destillieren, denn er war als gut aussehender, schlanker junger Mann mit rosiger Gesichtsfarbe und in mystischer Ergriffenheit brennenden Augen wiedergegeben. Der vernachlässigte Eindruck, den dieser kleine Tempel auf mich machte, ließ mich an die oft gehörte Behauptung denken, daß diese Eremiten wenig von rituellen Zeremonien hielten; und ich sollte erfahren, daß selbst bei den wenigen Riten, die sie zu gegebener Zeit zelebrierten, der eigentliche Beweggrund nicht so sehr die fromme Ergebenheit diesen drei Gottheiten gegenüber war, sondern nur das Gefühl, die Tradition wahren zu müssen. »Wir feiern den Geburtstag der Mondgöttin mit einer gewissen Pracht«, vertraute mir später einer der Eremiten an, »aber sehen Sie, unsere Einsiedelei wurde ihr zu Ehren erbaut, und es wäre ungehörig, die Wünsche unseres Gründers zu mißachten.«

Bald nach Sonnenuntergang versammelten sich die Eremiten im Refektorium, wo die drei Knaben – halb Schüler, halb Diener – bereitstanden, um den Abendreis aufzutragen. Dunkles Tal stellte mich seinen Gefährten vor. Sie begrüßten mich lächelnd und unter zahllosen Verbeugungen, wobei jeder mir ein artiges Kompliment machte. Der eine pries mein gutes Chinesisch, ein anderer dankte mir dafür, daß ich mich herabgelassen hätte, eine so abgelegene Gemeinschaft »beklagenswert unbedeutender Personen« aufzusuchen, und so fort. Obwohl sie mir mit ihrer ausgesuchten Höflichkeit eine Freude machen wollten, brachten sie mich damit eher in Verlegenheit, denn es war mir schier unmöglich, ihnen ebenso gedrechselt zu antworten. Aber ich wurde bald erlöst, denn der Abt lächelte zunächst wohlwollend zu meinen stockenden Versuchen, kunstvoll gebaute chinesische Sätze von mir zu geben, bedeutete uns dann aber sogleich, daß wir uns an den Tisch setzen sollten, und wie durch Zauberei war im selben Moment alle Förmlichkeit verflogen. Von da an behandelten sie mich bis zum Abschied mehrere Tage danach mit der schlichten Höflichkeit, wie sie aufrichtiger Sorge um die Bequemlichkeit und das Wohlergehen des Gastes entspringt.

Das Essen war einfach, aber schmackhaft, und wir tranken jeder ein paar winzige Täßchen leichten Wein, bevor etwa um die Mitte der Mahlzeit der Reis serviert wurde. Meine bärtigen Tischgenossen (fast alle taoistischen Eremiten, ob alt oder jung, trugen Bärte und hochgestecktes Haar) schienen erfreut, einen Ausländer bei sich zu Gast zu haben, und beantworteten bereitwillig alle meine Fragen. Zur Entstehungsgeschichte der Gemeinschaft sagte einer von ihnen:

»Vor langer Zeit gehörte unsere Einsiedelei einigen Anhängern der Sekte des Himmlischen Meisters Chang, die mit Erfolg allerlei Arten von Wunderheilungen und Yoga-Übungen praktizierten. Dann jedoch, kurz vor dem Ende der Mandschu-Dynastie, mußten sie ihre Gemeinschaft auf

Anordnung der Behörden wegen angeblicher Zügellosig-keit auflösen. Es war das übliche Mißverständnis, das auf-kommt, wo immer der Yoga des Grünen Drachen und Weißen Tigers gepflegt wird, einfach deshalb, weil man dazu weibliche Partner braucht. Beamte haben so gar keine Ahnung von diesen Dingen. Zum Glück durften zwei äl-tere Eremiten bleiben, vorausgesetzt, daß sie sich verpflich-teten, die Geheimnisse dieses Yoga nicht weiterzugeben. Nun waren aber diese beiden Alten an keinerlei Yoga son-derlich interessiert, so daß sie das Versprechen bereitwillig geben konnten, und es dauerte gar nicht lange, da hatten sie nach und nach eine kleine Gruppe gelehrter Schüler um sich versammelt, denen es mehr um harmonische Lebensfüh-rung zu tun war als darum, Geistleiber zu schaffen für den Gebrauch nach dem Tode. Seither ist unsere Einsiedelei stets ein Zufluchtsort für solche Menschen gewesen. Die meisten von uns, wie wir hier um den Tisch sitzen, waren früher Beamte oder Kaufleute. Angewidert von einer Welt der Grausamkeit und Habgier kamen wir hierher, um in einer Weise zu leben, wie sie Städtern oder Leuten mit fa-miliären Bindungen kaum möglich wäre. Wir wollen nichts weiter als unsere heitere Seelenruhe pflegen und auf diese Weise ein hohes Alter erreichen, gesund und kräftig bis zur letzten Stunde.«

»Und haben Sie die Seelenruhe gefunden?« fragte ich sehnsüchtig. Statt einer Antwort trat nur ein strahlendes Lächeln auf die Gesichter meiner Zuhörer. Es bedurfte kei-ner Worte.

Nach dem Abendreis begab ich mich, müde von dem anstrengenden Aufstieg, sogleich in meine Zelle, und ich hatte kaum Zeit, den angenehmen Duft meines Kopfkis-sens zu genießen, so schnell fiel ich in tiefen Schlaf. Am Morgen, nachdem ich zum Frühstück Hirsebrei mit schmackhaften Zutaten gegessen hatte, machte ich mich mit Dunkles Tal auf, die Umgebung zu erkunden. Die Einsiedelei lag, wie schon erwähnt, auf einem leicht gewellten Vorsprung dicht an der Bergflanke. Vor ihr lag eine Art natürlicher Garten, das heißt, man hatte keinen Versuch gemacht, den Vorsprung in einen richtigen Garten zu verwandeln, aber diese scheinbare Wildnis war von gar zu erlesener Schönheit, als daß sie einzig und allein das Werk der Natur hätte sein können. Die aus der Erde herausragenden Felsen waren von so ansprechender Gestalt und so reich mit Moos und lang herabhängenden Flechten umkleidet, daß mir bald die Vermutung kam, hier sei der Natur mit behutsamer Hand nachgeholfen worden. Die Schlucht, in der ein reißender Wildbach rauschte, war mit Sicherheit ein Werk der Natur und als solches so vollkommen, daß sie keiner Verbesserung bedurfte, aber ansonsten hatte man immer wieder den Eindruck, daß dies alles sorgsame, wenngleich möglichst unauffällige Pflege erfahren hatte. Die Bäume – meist Kiefern und Zedern – breiteten ihre Äste in einer Weise aus, die entweder anmutig oder interessant und bizarr war; und es gab kleine Täler, die eine solche Fülle harmonisch kontrastierender Formen und Farben aufwiesen, wie man sie sonst nur in einem alten, gut gepflegten Steingarten zu finden hofft. Aber man mußte schon genau hinsehen, um diese kunstvollen, doch äußerst geschickt getarnten menschlichen Eingriffe wahrzunehmen.

»Mir scheint, ich bin gestern höher gestiegen, als mir bewußt war«, bemerkte ich, »denn dies hier muß gewiß der Himmel sein.«

Die Augen des alten Mannes strahlten vor Freude. »Aha, Sie haben also unseren verborgenen Garten entdeckt«, erwiderte er. »Die Leute aus der Stadt haben im allgemeinen zwar einen Blick für den Wildbach und für die

Aussicht auf die fernhin sich erstreckenden Hügel – Sie werden mir zustimmen, daß sie auch wirklich sehenswert sind, und Sie sollten einmal im Abendlicht hierher kommen, wenn die Sonne hinter dem blauen Bergrücken dort versinkt –, aber sie übersehen fast immer, was direkt vor ihnen liegt, und ahnen nicht, daß es jahrhundertelange liebevolle Pflege brauchte, um diesen verborgenen Garten entstehen zu lassen. Die Natur, so harmonisch sie im großen sein mag, ist oft nachlässig und unordentlich im kleinen. Zwei Felsen können zu nahe beisammen oder zu weit auseinander stehen. Bäume können in ihrem Streben nach dem lebenswichtigen Licht oder Schatten über sich hinauswachsen, wodurch sich ein gewisser Mangel an Harmonie und Ausgewogenheit einstellen kann. Derlei kleine Fehler lassen sich beheben, aber es ginge wohl nicht an, in einer so abgelegenen Gebirgsgegend wie der unsrigen einen Palastgarten anzulegen. Es ist nur eine behutsam lenkende Hand nötig, mehr nicht. Wenn man sich mit dem Gedanken trägt, eine kleine Veränderung vorzunehmen, tut man gut daran, zunächst einmal das, was man ändern möchte, zu verschiedenen Stunden des Tages und zu jeder Jahreszeit zu beobachten, damit nicht durch übereiltes Handeln etwas Wertvolles verlorengeht. Auch muß man zuerst selbst ein Felsen oder ein Baum werden, ehe man zu beurteilen vermag, wie eine Veränderung beschaffen sein muß, damit sie mit seiner Natur in Einklang steht.«

»Selbst ein Baum *werden*?«

»Überrascht Sie das? Wenn Sie sehr viel Zeit hätten, würde ich es Ihnen zeigen. Sie setzen sich einfach bei Sonnenschein und trübem Wetter, notfalls bei Regen oder Schnee, vor ihn hin und projizieren Ihren Geist in ihn hinein. Allmählich lernen Sie, mit ihm eins zu sein, seinen Rhythmus zu erfühlen, zu erkennen, wie seine Äste sich unter geringfügig veränderten Bedingungen ausbreiten würden. Erst dann können Sie eine Veränderung vornehmen, ohne seiner Baumheit Gewalt anzutun. Alle guten Gärtner kennen ihre Pflanzen genauso gut wie ihre eigenen Kinder. Wie könnten sie sonst *gute* Gärtner sein?«

»Ich verstehe. Aber wie ist es mit den Felsen, den Bergen, den Flüssen? Wie kann man die so gut kennen wie seine Kinder? Sie haben doch kein Leben.«

»Wie denn!« rief der alte Mann in aufrichtigem Erstaunen. »Wie sonderbar, daß Sie dieser Meinung sind! Alles ist vom erhabenen Tao geformt. Alles *ist* das Tao. Wie also könnten manche Dinge Leben haben und andere nicht? Einem Insekt, das nur einen einzigen Tag lang lebt, wird vielleicht der Mensch als Objekt von unendlicher Dauer erscheinen, und doch wissen Sie so gut wie ich, daß das menschliche Leben kurz bemessen ist. Uns wiederum erscheinen Felsen und Berge als ewig und unwandelbar. Aber sind sie es wirklich? Ist nicht ihr Kommen und Gehen nur wie ein Traum im Vergleich zu den unzählbaren Äonen, die zwischen der Geburt des Universums und seinem Ende liegen? Und falls Sie mit »Leben« Bewußtsein meinen, woher wissen Sie, daß Felsen kein Bewußtsein haben? Wer sie gut kennt, weiß, daß sie nicht nur ein Bewußtsein haben, sondern auch Stimmungen – düster und bedrohlich den einen Tag, heiter und lächelnd den anderen.«

Ich widersprach ihm nicht. Denn wußte ich *wirklich*, ob Felsen kein Bewußtsein haben? Ich habe gelesen, daß manche meiner englischen Landsleute glauben, Blumen könnten Glück empfinden und schöner blühen, wenn sie wissen, daß sie geliebt werden. Warum nicht auch Felsen? Wer wüßte genug, um mit letztem Gültigkeitsanspruch solche Unterscheidungen treffen zu können?

Die nächsten Tage verbrachte ich auf die angenehmste

Weise. Die Eremiten hatten, abgesehen von der Meditation, keinen festen Stundenplan, und da sie an einem so abgelegenen Ort lebten, fehlte es ihnen dazu nie an Gelegenheit, weshalb sie gar nichts dagegen einzuwenden hatten, daß ich nach Belieben mit dem einen oder andern von ihnen meine Zeit verbrachte. Ein alter Herr, der Wolkenmeer-Eremit, vertraute mir an, daß er früher einmal Bankier gewesen sei. »Stellen Sie sich vor, all dies Taktieren und Intrigieren, bloß um immer noch mehr Silber anzuhäufen!« rief er aus. Eines Lebens müde, das so karg war an Muße und Seelenfrieden, hatte er die Verwaltung des Familienvermögens seinen Söhnen übertragen und war, nachdem er etwa ein Jahr »über Berge und Flüsse gewandert« war, zur Mondterrassen-Einsiedelei gekommen, wo er sich freudig unter Gleichgesinnten niedergelassen hatte.

»Die Menschen sind blind für ihr eigenes Wohl«, sagte er zu mir und sah sich dabei lächelnd in seiner bescheidenen Zelle um, die alles barg, was ihm von seinem einst umfangreichen Besitz geblieben war – Bücher, zwei oder drei Schriftrollen an der Wand, ein paar schöne Vasen und eine Garnitur ungewöhnlich wertvoller Geräte für die Schriftmalerei, darunter eine Pinselablage aus durchscheinendem Jade in Form eines Berges mit drei Gipfeln. »Von Kindheit an wird einem beigebracht, daß Wohlstand das wichtigste von allem ist, und so rackert man sich von früh bis spät ab, um immer noch mehr davon anzuhäufen, verzichtet auf alle möglichen angenehmen Dinge, weil man dem nachjagt, was fälschlich als Vorbedingung für ein angenehmes Leben ausgegeben wird. Wie grundverkehrt das doch ist! Wie sagt Lao-tse: Die ihre Häuser mit Gold und Jade anfüllen, müssen den ganzen Tag zu Hause bleiben, um sie zu bewachen. Wir Bankiers wissen am besten, wie recht er damit hat! Vermögenswerte wollen besser gehütet sein als die blutjungen Konkubinen eines alten Mannes, damit sie nicht davonfliegen. Aber das ist noch nicht alles. Da ich wohlhabend war, luden mich Kaufleute und Beamte ständig zu Festessen ein, daß sich mir schließlich beim bloßen Anblick üppiger Speisen schon der Magen umdrehte. Meine Frauen, meine Kinder und Neffen lagen sich ständig in den Haaren, und jeder versuchte, sich auf Kosten der anderen bei mir einzuschmeicheln. Vor allem die Frauen konnten nie genug kriegen an Seide, Schmuck und Modeartikeln, um bei Leuten Eindruck zu machen, die genauso beschränkt waren wie sie selbst. Muße, Seelenruhe, schlichte Zuneigung – alles Erstrebenswerte wurde auf dem Altar von Ts'ai Shen (dem Gott des Reichtums) geopfert. Als ich meinen Söhnen von der Weisheit der Selbstbescheidung sprach und ihnen begreiflich zu machen suchte, wieviel reicher sie sich fühlen würden, wenn sie lernten, wenige Bedürfnisse zu haben, da dachten sie bestimmt, ich hätte den Verstand verloren.«

»Ich bin selber nie wohlhabend gewesen und muß es Ihnen deshalb wohl glauben, daß der Reichtum ein Fluch ist, aber ich bezweifle, daß die Leiden der Reichen schwerer zu ertragen sind als das Elend der Armen.«

»Armut! Keiner, der einmal die Gesichter armer Bauern gesehen hat, wenn sie gezwungen sind, ihre Kinder zu verkaufen, kann leichtfertig über die Armut urteilen. Wir Taoisten sehen darin kein Verdienst, aber wir glauben, daß das Geheimnis des Glücks darin liegt, daß man lernt, wenig Bedürfnisse zu haben. Eine einfache Behausung, gerade so viel Kleider, daß man für jede Jahreszeit etwas anzuziehen hat, einfaches Essen, das schmackhaft genug ist, um den Appetit anzuregen – mehr braucht man nicht für ein geruhsames Leben. Würden sich alle mit so wenig zufriedengeben, könnte man so viel mit anderen teilen, daß nackte Armut selten würde. Ein schreckliches Übel des modernen Lebens ist der Krieg, den die Makler, Promoter, Werbeleute und ihresgleichen gegen die Einfachheit führen, indem sie bewußt immer neue Bedürfnisse wecken, damit die Menschen ewig unzufrieden sind mit dem, was sie haben, und ihr Leben lang danach trachten, ihren Besitz zu mehren, auch wenn sie dafür ihre Gesundheit, ihre Kraft und ihre Muße opfern müssen. Kein Wunder, daß Lao-tse die Herrscher streng ermahnte, die Herstellung von unnützem Tand zu unterbinden, indem er lehrte: ›Verlust bringt Gewinn; Zuviel schafft Verwirrung.‹ «

Bei dem Wort »unnützer Tand« mußte ich unwillkürlich zu den luxuriösen Schreibgeräten hinsehen, die so gar nicht zu der Einfachheit dieser Zelle passen wollten – die Pinselablage aus Jade, der erlesene Wasserkrug aus Porzellan, der fein duftende Farbblock mit den eingravierten Goldbuchstaben, der kunstvoll verzierte flache Stein zum Anreiben der Farbe und der zylindrische Behälter aus rubinrotem Porzellan, aus dem ein ganzer Wald feinster Schreibpinsel verschiedenster Form und Größe hervorragte. Er erriet meine Gedanken und brach in Lachen aus.

»Man braucht es nicht zu übertreiben, lieber Freund. Diese Dinge sind zwar durch und durch praktisch und für ihren Zweck bestens geeignet, aber sie sind luxuriös und teuer. Doch warum auch nicht? Wir Taoisten halten nicht viel von strengen Regeln – auch nicht für uns selbst. Die Regeln, nach denen wir leben, haben nie absoluten Charakter, und ein bißchen Luxus hier oder da kann denen nicht schaden, die weise genug sind, die Dinge in ihren Schranken zu halten. Sogar unser Abt, ein wahrhaft enthaltsamer, der Einfachheit zugetaner Mann, schätzt die Garnitur Weingläser aus Jade, die ihm ein dankbarer Schüler verehrt hat – nicht wegen ihrer Kostbarkeit, das versichere ich Ihnen, sondern wegen ihrer schönen Struktur und ihres wundervollen Schimmers. Wenn wir die eine oder andere kostbare Kleinigkeit bekommen – ich habe diese Schreibgeräte aus meinem früheren Zuhause mitgebracht, wo ich ansonsten fast alles zurückließ, was ich besaß –, ist nichts dagegen einzuwenden, daß wir sie in Ehren halten, vorausgesetzt, wir hängen nicht unser Herz daran. Ich meine, angenommen, die Gläser des Abtes würden gestohlen, dann ist es unvorstellbar, daß er dem Verlust nachtrauern oder sich bemühen würde, an ihrer Stelle eine andere Kostbarkeit zu erwerben. Das Leben bringt, was es bringt, und man lernt, seine Gaben und seine Entsagungen – auch den Tod – mit Gleichmut hinzunehmen. Wenn die Pfingstrosen oder die Chrysanthemen blühen, stelle ich mir gerne einen Strauß davon hier auf meinen Tisch, aber ich verzehre mich beileibe nicht nach ihnen, wenn sie verwelkt sind. So sollte man es mit allen kostbaren Dingen halten.«

Mit der Erwähnung von Regeln hatte er einen neuen Gedanken ins Spiel gebracht, und so erkundigte ich mich: »Sie sagten vorhin, Taoisten hielten nicht viel von festen Regeln, aber kommt Ihre Gemeinschaft hier ohne sie aus?«

»Nicht ganz. Da wir die Mahlzeiten gemeinsam einnehmen, halten wir uns an bestimmte Essenszeiten. Und obwohl wir unser eigenes Tuch aus dem Flachs weben, den wir genau wie fast alle unsere Nahrungsmittel von den Pächtern im Tal bekommen, wo wir Landbesitz haben, sind wir nicht gänzlich autark, so daß es regelmäßige Pflichten im Zusammenhang mit dem Beschaffen der Nahrung, der Gartenbestellung und so weiter gibt. Aber keine davon ist drückend, und es wird auch nicht der mindeste Zwang ausgeübt. Systeme der Belohnung und Bestrafung schaffen mehr Schwierigkeiten, als sie beseitigen. Allein schon die Vorstellung, daß es so etwas wie Pflicht und Tugend gäbe, ist schädlich, denn indem man »das Rechte« definiert, stellt man gleichzeitig die Kategorie »Unrechtes« auf. Wo Weisheit und Seelenruhe walten, tun die Menschen spontan, was getan werden muß, und verschwenden keinen Augenblick auf Gedanken wie: ›Man wird mich loben oder zurechtweisen, wenn ich dies oder jenes tue‹, oder ›Ich *muß* dies tun und *darf* jenes nicht tun, weil das eine recht und das andere unrecht ist‹. Baumgruppen und Tierherden werden, da sie ohne Regeln auskommen, nicht von Polizei und Armee, Beamten und Steuereinnehmern drangsaliert und können dennoch ihre Bedürfnisse befriedigen, soweit die Umstände es erlauben. Wir machen es genauso. Wir leben nach dem Prinzip *wu-wei* (Nicht-Handeln), das heißt, wir vermeiden jedes Handeln, das sich nicht spontan aus den augenblicklichen Umständen ergibt. Während also unsere Essenszeiten und die Tage, an denen im Badhaus der Einsiedelei warmes Wasser bereitet wird, bestimmten Regeln unterworfen sind, gibt es andererseits nicht eine einzige Regel, nach der wir uns in der allerwichtigsten Sache, der Pflege des Tao, richten müßten. Wir betreiben die Studien und Meditationen, die uns zusagen, und lassen uns dabei von den Lehren und den Lehrern leiten, die wir uns erwählt haben. Ich beispielsweise liebe es, den größten Teil der Nacht in Meditation über das Tao zu verbringen, das in der geheimen inneren Kammer leuchtet, aber niemand würde mich schelten, wenn ich bei Tag und bei Nacht immer nur schliefe.

Gewiß, die jüngeren Einsiedler hier und die drei jungen Burschen werden von uns Älteren unterwiesen. Aber dazu schreiben wir ihnen nicht etwa vor, was sie als Taoisten zu lernen hätten. Vielmehr beginnen wir damit, daß wir unsere Schüler beobachten und sie anleiten, von sich aus zu erkennen zu geben, was sie beschäftigt und welche Begabungen und Neigungen ihnen von Natur aus eigen sind. Sodann führen wir jeden mit den Mitteln, die sich gerade anbieten, in die Richtung, die ihm am angemessensten ist, und lernen dabei oftmals mehr, als wir ihnen vermitteln. Welche Wunder könnten vollbracht, welche tragischen Mißerfolge vermieden werden, wenn die Lehrer in der Schule es genauso machten! Früher oder später kommen unsere Schüler dazu, die Werke weiser Männer wie Lao-tse, Chuang-tse und Lieh-tse zu studieren – aber nicht, weil sie müssen, sondern weil sie auf die Quellen unserer Ideen neugierig werden. Wenn sie nicht von vornherein dazu neigen, wären sie ja gar nicht erst zu uns gekommen. Dennoch richtet sich die Art, *wie* wir sie unterrichten, nicht danach, was wir für richtig halten würden, sondern nach ihren eigenen natürlichen Anlagen und Neigungen. Mit den drei Knaben, die uns aufwarten, ist es etwas anderes. Solche Kinder kommen zu uns, weil ihren Vätern, armen Bauern, viel daran gelegen ist, ihre Söhne an einen Ort zu schicken, wo sie nicht nur einen Lohn, sondern auch eine Ausbildung bekommen. Die drei, die wir zur Zeit hier haben, sind allesamt recht aufgeweckte Burschen, und wenn sie genug gelernt haben, um alte Werke fließend zu lesen, werden sie vielleicht Lust darauf bekommen, unsere taoistischen Klassiker zu studieren. Aber keiner wird es ihnen verübeln, wenn sie sich anders entscheiden, und wir werden ihnen bereitwillig helfen, woanders eine aussichtsreiche Beschäftigung zu finden.«

»Ich wollte, ich könnte lange genug bleiben, um wenigstens ein Achtel von dem zu lernen, was sie lernen werden«, bemerkte ich wehmütig. »Könnten Sie mir nicht eine kurzgefaßte Übersicht Ihrer Lehren geben? Das wäre das kostbarste Geschenk, das ich von hier mitnehmen könnte.«

Er lächelte freundlich, erwiderte aber bescheiden: »Ein

unwissender alter Mann, der sein halbes Leben als Bankier verbracht hat, darf sich nicht anmaßen, Sie in die Geheimnisse des erhabenen Tao einzuführen. Am besten Sie fragen den ehrwürdigen Bambusnadel-Eremiten. Ein Heimatloser von Kindheit an, ist er wahrhaft ein wolkenbewohnender Unsterblicher, einer, der ›von Mondstrahlen und Tau lebt‹, wie man so sagt.«

Der Mönch, den er meinte, war ein Mann mittleren Alters mit einem auffällig buschigen Bart, der sich bei den Tischgesprächen bislang durch lächelndes Schweigen ausgezeichnet hatte.

An diesem Abend wollte ich über all die Dinge nachdenken, von denen Dunkles Tal gesprochen hatte, und schlenderte zu einem Felsen oberhalb des rauschenden Wildbaches hinüber, um von dort aus den Sonnenuntergang zu betrachten. Ein Regenschauer hatte die Felsen dunkel gefärbt und das Blattwerk mit Edelsteinen übersät. Ein frischer Wind blies von Westen. Die untergehende Sonne beleuchtete die abziehenden Wolkenmassen und färbte sie in prächtigen Schattierungen von Korallenrot, Karmin und Gold. Das rauschende Wasser, die blauen Berge und majestätischen Wolken im Verein mit den Schönheiten des »verborgenen Gartens« schärften meinen Sinn für das Walten des geheimnisvollen Tao, der Mutter der ewigen Veränderung. Die rasch sich wandelnden Wolken gemahnten daran, daß auch die scheinbar ewigen Berge einem zwar langsameren, doch nicht minder staunenswerten Wandel unterworfen waren. Kein Zweifel, die Gründer der Einsiedelei hatten die richtige Wahl getroffen, als sie sich dafür entschieden, an diesem magischen Ort über das Tao zu meditieren, wo sich der nie endende Tanz der Natur in so dramatischer Form darbot. Die Welt korrupter Beamten, raffgieriger Kaufleute und schießfreudiger Polizisten schien hier so weit entrückt wie ein fremder Planet. Wenn man ein paar Jahre an diesem Ort mit offenen Augen gelebt hätte, wäre man vielleicht ganz von selbst hinter die Geheimnisse dieser bärtigen Weisen gekommen.

Als ich wegen der Dunkelheit und der empfindlichen Kühle des Windes den Rückweg zur Einsiedelei antrat, hörte ich von irgendwoher die Musik eines abendlichen Ritus. Zur Begleitung von Gong und Becken schwangen sich zwei Stimmen zu einer eigentümlich ergreifenden Melodie auf, melancholisch und doch voll süßer Ruhe. Immer noch fröstelnd von meinem Ausflug auf den Felsen, trank ich beim Abendreis dankbar den herb duftenden Glühwein, eine der wenigen, schier an Luxus grenzenden Köstlichkeiten im kargen Alltag dieser enthaltsamen Männer. Als der Bambusnadel-Eremit einmal den Blick auf mich richtete, wandte ich mich mit der taoistischen Anrede »Euer Unsterblichkeit«, die als Ausdruck größter Hochachtung gilt, an ihn und fragte ihn, ob ich ihn nach dem Essen aufsuchen dürfe. Ich hatte bisher, eingeschüchtert durch sein distanziertes, allem Weltlichen entrücktes Gebaren, kaum ein Wort mit ihm gewechselt, und so glomm in seinen Augen gelinde Überraschung auf, als er höflich erwiderte: »Aber gewiß doch. Wir werden Tee von den Pflanzen trinken, die jetzt wild auf dem Südhang dieses Berges wachsen. Es gehört zu den Freuden eines Besuches abgelegener Orte in diesem Teil des Landes, die einheimischen Teesorten zu kosten, die natürlich auch mit dem Wasser der Gegend zubereitet werden müssen. Sie schmecken längst nicht so gut, wenn man sie fortbringt und anderswo aufbrüht.«

Seine Zelle unterschied sich kaum von den übrigen. Auf den ersten Blick erschien mir das Teegeschirr, das er hervorholte, grob und rustikal, aber ich schloß aus der liebevollen Art, in der er mit den Sachen hantierte, daß sie alt und in einem bestimmten Sinne wertvoll waren. Die rauhe Glasur endete weit über dem Boden der Gefäße in einer unregelmäßigen Linie, so als sei dicker Honig von oben über das unglasierte Steingut gegossen worden. Der Tee selbst war honigfarben und leicht bitter, hatte aber ein eigentümliches, sehr angenehmes Aroma. Da es unhöflich gewesen wäre, gleich auf den Grund meines Besuches zu sprechen zu kommen, bot sich mir in dem Teegeschirr ein willkommener Gesprächsgegenstand. Die Teekanne, so erfuhr ich, war trotz ihrer Ähnlichkeit mit den Tassen nicht weiter beachtenswert, während es sich bei den Tassen um Familienerbstücke handelte, die zwar nicht besonders alt waren, jedoch Kopien einer so alten Form, daß möglicherweise schon die ersten Teetrinker der Welt aus ganz ähnlichen Tassen getrunken haben konnten.

»Mir gefallen sie«, bemerkte mein Gastgeber, »weil sie das versinnbildlichen, was Lao-tse als das Unbehauene bezeichnet – ein Mensch oder ein Gegenstand in seinem natürlichen Zustand, geformt vom Tao, ungekünstelt, heilig. Diese Tassen sind, wie Sie sehen, beinahe ›ungehobelt‹, ein Wort, das wir manchmal auf unsere großen Weisen anwenden. Wir modernen Taoisten – wenn ich ›modern‹ sage, meine ich damit so ungefähr die letzten tausend Jahre – sind nach meinem Empfinden übertrieben zeremoniell und pflegen die Tradition zu sehr um ihrer selbst willen. Die Weisen der alten Zeit hingegen waren, um aus dem *Tao-te-king* zu zitieren, ›einfältig wie Kindlein‹, ihre Sitten und Gebräuche ›einfach wie unbearbeiteter Stoff‹. Auch heißt es darin: ›Ein förmliches Gebaren zeigt Mangel an Ergebenheit und treuem Sinn.‹ «

Gleich darauf ergab sich eine Gelegenheit, ihn zu bitten, mich auf eine mir faßliche Weise in die Mysterien des Tao einzuführen.

»Mysterien?« antwortete er lachend. »Richtig gesehen ist jede Einzelheit des Lebens, der Natur ein so unergründliches Mysterium wie jedes andere, das Sie nennen könnten. Weshalb also sollte unsere Lehre besonders mysteriös sein? Lassen Sie mich sagen, was wir hier in unserer Gemeinschaft tun – oder eigentlich eher *nicht tun*, denn es ist ein wesentliches Merkmal der Taoisten, daß sie alles berechnete Handeln vermeiden und nur auf die Erfordernisse des Augenblicks reagieren. Der Kern unseres Glaubens läßt sich mit ein paar Sätzen aus dem Tao-te-king umschreiben: ›Der Anfang des Seins der Welt heißt die Mutter der Welt. Wer seine Mutter findet, um seine Kindschaft zu erkennen, wer seine Kindschaft erkennt, um seine Mutter zu bewahren: der kommt beim Aufhören des Ichs in keine Gefahr.‹* Die Mutter ist das gestaltlose Tao; das Kind ist das Tao der zehntausend Umwandlungen. Oder, wie Lao-tse es ausdrückt: ›Jenseits des Nennbaren liegt der Anfang der Welt. Diesseits des Nennbaren liegt die Geburt der Geschöpfe. Darum führt das Streben nach dem Ewig-Jenseitigen zum Schauen der Kräfte, das Streben nach dem Ewig-Diesseitigen zum Schauen der Räumlichkeit. Beides hat einen Ursprung und nur verschiedene Namen. Diese Einheit ist das Wunder, das Wunder der Wunder, alles Wundervollen Tor.‹**

Ich will Ihnen das erklären. Das Jenseitige, die Leere, das Diesseitige, die Räumlichkeit, die man ringsumher sieht, sind ein und dasselbe. Um deshalb den undifferenzierten Ursprung der zehntausend Objekte, die das Diesseitige bilden, zu erkennen, muß man manchmal den Geist von allem Denken entleeren und manchmal die Welt der Form betrachten. Keines von beiden hat losgelöst vom an-

* *Tao-te-king*, 52.
** *Tao-te-king*, 1.

deren eine Bedeutung. Den Geist stets auf die Leere zu fixieren, würde heißen, wie Holz oder Stein zu werden. Ihn stets auf das Reich der Form zu richten, würde bedeuten, daß man sich wie ein Einfaltspinsel verhält, der Träume mit der Wirklichkeit verwechselt. Wir sind keine Philosophen, die sich in Spekulation verlieren. Es ist nicht unsere Art, mit metaphysischen Argumenten zu streiten. Direkte Wahrnehmung ersetzt Begriffe. Mal ruhen wir in der Mutter, im reinen undifferenzierten Tao, mal im Kind, indem wir die Rhythmen der Jahreszeiten, die Objekte der Natur, den Fluß des Wandels betrachten, in dem unser Leben sich vollzieht. Indem wir lernen, uns über die Dualität zu stellen, sehen wir keinen Widerspruch mehr zwischen dem Leeren, das auch Form ist, und der Form, die auch Leere ist. So erkennen wir die Dinge, wie sie wirklich sind – leer und dennoch fähig, tausenderlei Gestalt anzunehmen; geformt und dennoch ihrem Wesen nach leer. Geborgen in diesem Wissen betrachten wir Gewinn und Verlust, Begegnung und Abschied, das Auf und Ab der Lebensumstände, Leben und Tod mit heiterem Gleichmut. Was also vermöchte uns zu erschüttern? Wenn es den Anschein hat, daß man noch zwanzig oder dreißig Jahre leben wird, gut und schön; wenn man morgen oder heute dem Tod ins Angesicht sehen muß, ist es auch gut. Aber es hat keinen Wert, wenn man dies nur vom Hörensagen weiß oder aus einem Buch, so wie man weiß, daß es in der Provinz Kiangsi siebenundzwanzig verschiedene Libellenarten gibt. Man muß die innere Kammer seines Geistes öffnen und es dort erfahren, so wie man die Wärme der Sonne oder die Nässe des Wassers erfährt, *durch direkte Wahrnehmung*.

Wie aber kann man das bewerkstelligen? Erstens, indem man Bedürfnisse und Oberflächlichkeiten jeder Art als unnützes Gepäck abwirft, und dann auch, indem man ein einfaches Leben führt, frei von Gift für Geist und Leib, auf daß man sich beständiger Gesundheit, Lebenskraft und Klarheit des Geistes erfreue. Angst, Begehrlichkeit und Gereiztheit treten zurück, während die Bedürfnisse weniger werden und die Lebenskraft steigt. So bekommt man einen ersten Vorgeschmack auf die Seelenruhe. In der Seelenruhe nimmt der Geist seine innere Stille wahr. Versenken Sie sich in diese Stille, damit Sie zur Wahrnehmung der alles durchdringenden Leere gelangen. Da jedoch Leere nicht Wahrheit ist, wenn das Nicht-Leere ausgeschlossen wird, müssen die Stunden, die Sie in nach innen gerichteter Kontemplation verbringen, abwechseln mit Stunden, die Sie mit der Betrachtung der zahllosen Vorgänge und Formen verbringen, darauf achtend, wie jede ins Sein tritt, wächst, schwindet, zerfällt und entschwindet. Indem Sie weder den Geist von den Dingen abwenden, noch sich damit zufriedengeben, sie so zu nehmen, wie sie sich dem Auge, dem Ohr und dem Tastsinn darstellen, werden Sie sie als das erkennen, was sie sind. Die abwechselnde Beschäftigung mit Meditation und mit Gartenarbeit, dem Sammeln von Kräutern und dem Studium ihrer Heilwirkung ist einer unserer bevorzugten Wege zu diesem Ziel. Ein anderer ist die Landschaftsmalerei, denn sie setzt eine äußere und innere Einheit voraus. Der Maler betrachtet Berge, Ozeane, Bäume und Felsen, bis er ein so umfassendes Wissen um ihre Natur gewonnen hat, daß ihm, es sei denn, es mangelt seiner Hand an Geschicklichkeit, ihre Darstellung kaum mißlingen kann. Dennoch bemüht er sich nicht, zu kopieren, was er sieht, sondern schafft neue Formen aus der Leere des Geistes, achtet aber gleichzeitig darauf, daß sie naturgetreu sind. Diejenigen, die im Malen nicht geübt sind, versenken sich oft mit einer anderen Absicht in den Anblick von Felsen oder Bäumen, nämlich der, den Geist zu bewegen, in sein Objekt einzutreten und dessen Sosein intuitiv zu erspüren. Sobald diese Intuition sich einstellt, wird der Anblick geschäftiger Bienen inmitten von Blumen so unfehlbar den Geschmack von Honig hervorrufen, als läge er auf der Zunge.«

Der Bambusnadel-Eremit sah mich nachdenklich an, gleichsam fragend, wieviel ich verstanden hätte.

»Wie sehr ich Sie beneide«, sagte ich. »Es ist schön, an diesem Ort zu leben, frei von allem Streben nach Ruhm, Macht und Reichtum, zufrieden und glücklich mit einfachen Dingen. Und welch eine Gnade muß eine so unerschütterliche Seelenruhe sein, daß einem der unmittelbar bevorstehende Tod und die Aussicht auf viele weitere Jahre eines so idyllischen Lebens gleichermaßen willkommen sind! Aber was kommt nach dem Tode? Der Körper, das weiß ich, zerfällt; seine Säfte nähren das Gras, von dem andere Lebewesen sich nähren, und so fort in einem ewigen Kreislauf. Aber gibt es auch eine unsterbliche Seele? Streben Sie wie manche andere Taoisten danach, Unsterblichkeit zu erlangen?«

»Warum danach streben?« lachte er. »Wozu wäre das nütze? Wenn es neben dem Körper auch eine Seele gibt, einen Geist, dann wird er genau wie Fleisch und Blut und alles andere Zyklen des Wandels durchmachen, ob man nun danach *strebt* oder nicht. Gibt es ihn aber nicht, was würde dann alles Streben bewirken? Wenn man vor diesem ungelösten Rätsel steht, hält man sich, wie in allen anderen Situationen auch, am besten vor Augen, daß die Dinge immer ihren natürlichen Lauf nehmen, ob einem der nun angenehm ist oder nicht. Unser Streben beeinflußt sie nicht, weder in der einen noch in der anderen Richtung. Da überdies nichts im Reiche der Form auch nur für einen Augenblick unveränderlich bleibt, wo wäre da der Unterschied zwischen Sterblichkeit und Unsterblichkeit? Die Säfte, die aus Ihrem Grab aufsteigen, um das Gras zu nähren, werden nicht mehr *Ihre* Säfte sein. Warum sollte es mit irgend einem geistigen Überrest anders sein? Angenommen, Sie hätten einen Geist, der auf ewig fortbestehen soll: Wie lange wird er *Ihr* Geist sein? Glauben Sie mir, mein lieber Gast aus der Region des Westlichen Ozeans, durch Spekulation ist nichts zu gewinnen. Die Dinge sind immer, wie sie sind. Sich darin zu üben, sich in alles zu schicken, was auch kommen möge, ist das einzige Tor zur Seelenruhe.«

Nach diesen Worten schwieg er, und nach einer Weile erhob ich mich, um mich zu verabschieden.

»Ich danke Ihnen, Unsterblichkeit, für Ihre Geduld. In zwei Tagen muß ich Sie verlassen, um mein Leben in der Stadt wieder aufzunehmen. Ich war deshalb beunruhigt, aber jetzt haben Sie mir gezeigt, wie töricht solche Gefühle sind. Da alle Dinge sind, wie sie sind, und immer sein werden, wie sie sein werden, tut man sich nur weh, wenn man manche ablehnt und andere begrüßt, ohne doch den geringsten Einfluß auf ihren Lauf nehmen zu können.«

»So ist es«, erwiderte er. »Ich wünsche Ihnen eine glückliche Reise.«

Zwei Tage darauf kamen fast alle Einsiedler mit ans Tor, um mir Lebewohl zu sagen. Freundlich verbeugten sie sich zum Abschied und schwenkten die verschränkten Hände auf und nieder.

Mit meiner Schilderung gerade dieser Gemeinschaft habe ich versucht, den Taoismus in seiner stillsten Form zu beschreiben. Mit taoistischen magischen Praktiken wollen wir uns hier nicht befassen, und was die taoistische Mystik in ihrer ganzen Tragweite betrifft, die nicht nur Seelenruhe in diesem Leben, sondern das völlige Aufgehen des unsterblichen Geistes im Tao zum Ziel hat, so ist dieses so nahe mit der Mystik des Ch'an (Zen) verwandt, daß alles, was in einem späteren Kapitel über die mystischen Praktiken dieser Sekte gesagt wird, auf beide zutrifft. Viele Gelehrte sind sogar der Ansicht, daß die taoistische Mystik in ihrer höchstentwickelten Form eine direkte (wenn auch unbewußte) Anleihe beim Buddhismus gemacht hat. Wie dem auch sei, es steht fest, daß der Ch'an(Zen)-Buddhismus bei aller doktrinären Treue zum Mahayana-Kanon in mancherlei Hinsicht das Kind einer Ehe zwischen buddhistischem und taoistischem Gedankengut ist. Seit weit über tausend Jahren haben sich die beiden Glaubensrichtungen in einem solchen Ausmaß gegenseitig beeinflußt, daß es zumindest im Bereich der Mystik keine wesentlichen Unterschiede mehr gibt. Hingegen findet man die in diesem Kapitel geschilderte Art des Quietismus ausschließlich im Taoismus.

Um das, was ich über den taoistischen Quietismus gesagt habe, in einen historischen Zusammenhang zu stellen, möchte ich drei kurze Passagen aus dem philosophischen Werk des Chuang-tse zitieren und eine reizvolle Anekdote wiedergeben, die mir vor langer Zeit ein taoistischer Freund erzählt hat.

Die erste Passage aus Chuang-tse enthält ein typisches Paradoxon, das in ähnlicher Form in den Schriften mancher Quietisten und Mystiker vorkommt. Obwohl es ein hohes Ziel zu erreichen gilt, darf der Weg dahin nicht mit Anstrengung verbunden sein. Mühseliges Streben ist nicht der richtige Weg. Ein solches Paradoxon läßt sich nicht auf der Ebene logischen Denkens lösen, da dieser Versuch immer eine gewisse Anstrengung bedeutet.

»Der Vollkommene Weg ist in seinem Wesen tief und in Dunkelheit gehüllt. Der Vollkommene Weg ist im äußer-

sten rätselhaft und hüllt sich in Schweigen. Lege das Sehen ab, lege das Hören ab; bette dein Gemüt in Stille, und der Körper wird von selbst heil werden. Sei still, sei lauter, bedränge deinen Körper nicht, wühle dein Innerstes nicht auf, dann wirst du lange leben. Wenn das Auge nicht sieht, das Ohr nicht hört, und dein Verstand nicht weiß, dann wird dein Geist den Körper behüten, und der Körper wird sich eines langen Lebens erfreuen. Sei behutsam mit dem, was in dir ist; wehre ab, was außerhalb deiner ist, denn viel Wissen wird dir Schaden zufügen. Dann werde ich dich über die Große Helligkeit emporführen, zur Quelle des Vollkommenen Yang. Ich werde dich durch das Dunkle, Rätselhafte Tor zur Quelle des Vollkommenen Yin führen.«

»... Du brauchst dich nur in die Tatenlosigkeit zu begeben, und alles wird sich wandeln. Zerbrich deine Gestalt und deinen Leib, speie Hören und Sehen aus, vergiß, daß du ein Ding unter anderen Dingen bist, und du darfst eins werden mit dem Tiefen und Grenzenlosen. Tue den Verstand ab, lege den Geist ab, sei leer und ohne Seele, und die zehntausend Dinge werden eins nach dem anderen zur Wurzel zurückkehren – zur Wurzel zurück und werden nicht wissen warum. Dunkles und unterschiedsloses Chaos – bis zum Lebensende wird niemand davon abweichen. Doch wenn du es zu wissen versuchst, bist du schon von ihm abgewichen. Frag nicht, wie es heißt; versuche nicht, seine Gestalt zu beobachten. Die Dinge leben auf natürliche Weise und aus sich selbst heraus.«

Die Anekdote, die mir einst ein alter Taoist erzählte, hat folgenden Inhalt: Der Kaiser Ch'ien-lung liebte es, sein Reich zu bereisen, zuweilen auch in Verkleidung. Einmal kehrte er im bescheidenen Habit eines Gelehrten in einer Dorfherberge ein, die nicht weit von Hangchow an einem See gelegen war. Hier begegnete er zufällig einem taoistischen Einsiedler, der auf dem Heimweg in das Kloster, in dem er lebte, das Gasthaus aufgesucht hatte, um sich mit einer Tasse Tee und einer Schale Nudeln zu erquicken. Der Einsiedler hielt den Kaiser für einen jener konfuzianischen Gelehrten, die überall Schulen gründeten, in denen sich Kandidaten auf die Beamtenprüfungen vorbereiten konnten, und begann ein Gespräch mit ihm. Der Kaiser spielte die ihm zugedachte Rolle und ließ mit der ganzen Großspurigkeit des von seiner eigenen Wichtigkeit durchdrungenen Pädagogen ein paar konfuzianische Sprüche über Treue, Liebe zu den Eltern und die übrigen Tugenden vom Stapel, bis ihm der Taoist schließlich ins Wort fiel: »Also wirklich, ihr Konfuzianer macht doch gar zu viel Aufhebens von derlei Lappalien. Ihr schwatzt von der Tugend, als hättet ihr sie gepachtet, aber Tugend kann es doch nur dann geben, wenn man still ist und sich in die Betrachtung der heiligen Quelle des Seins versenkt, die in der geheimen Kammer des Geistes liegt! ›Reden ist leicht, Handeln schwer‹, wie man so sagt.«

Der verkleidete Kaiser nahm Anstoß an dieser Bemerkung, in der er eine Verunglimpfung des großen Konfuzius sah, und entgegnete nicht ohne Schärfe: »Was hat denn stille Kontemplation damit zu tun? Das ist doch nichts weiter als ein Vorwand dafür, daß man einfach dasitzt und nichts tut und die anderen für das Wohl der Familie, der Gemeinde und des Staates sorgen läßt. Genausogut könntet Ihr auf dem Rücken liegen und schnarchen.«

»Sieh einer an!« rief da der Taoist. »Wieder einer von diesen Burschen, die von der Arbeit reden, obwohl doch alle Welt sieht, daß sie noch nie auch nur ein Krümelchen gute braune Erde unter ihren gepflegten langen Fingernägeln hatten! Ich jedenfalls arbeite täglich mehrere Stunden lang in den Gärten unseres Klosters. Seht her, meine Hände sind rauh und voller Schwielen von der harten Arbeit.«

»Wenn dem so ist«, erwiderte der Kaiser, der allmählich seinen Humor wiederfand, »dann freut es mich, Eure Bekanntschaft gemacht zu haben. Euer Garten macht Euch Ehre. Gestern sah ich mit eigenen Augen, wie schön die Pfingstrosen im großen Hof Eures Klosters blühen. Dennoch, mögt Ihr auch ein guter Gärtner sein, so solltet Ihr doch nicht vorgeben, daß dazusitzen und über Euer inneres Sein nachzugrübeln irgend etwas damit zu tun hätte. Ihr werdet mir nicht einreden, daß die Blumen aus diesem Grunde schöner und üppiger sind!«

»Aber gewiß doch«, entgegnete der Taoist voller Entrüstung. »Blumen reagieren auf Menschen, die sie mit dem rechten Wissen um das Walten der Natur pflegen, und das kommt aus der Kontemplation des Tao. Wenn Ihr mir nicht glaubt, so versucht es nur einmal selbst, Blumen zu ziehen. Es wird Euch nichts helfen, wenn Ihr ihnen Vorträge über Treue und Elternliebe haltet. Ihr werdet sehr bald den Unterschied merken.«

Der Kaiser dachte an die Pracht der Palastgärten in Peking und erwiderte lächelnd: »Denkt Euch, ich habe jetzt schon Pfingstrosen bei mir zu Hause, und ich möchte sagen, daß sie an Pracht auf der ganzen Welt nicht ihresgleichen haben!«

»Welch schamlose Prahlerei! Die müßt Ihr mir schon zeigen, wenn ich Euch nicht für einen Lügner halten soll.»

»Wie kannst du es wagen!« herrschte ihn da der Kaiser an, dem nun nichts mehr daran lag, seine Identität zu verbergen, und rief nach seinen Bediensteten. »Du hast den

Sohn des Himmels vor dem Drachengesicht einen Lügner genannt!«

Die Gefolgsleute des Kaisers kamen hereingerannt, und der bedauernswerte Taoist fiel auf die Knie und schlug sich am Boden die Stirne wund, denn die Aussicht, auf der Stelle enthauptet zu werden, war auch für seine Unerschütterlichkeit zuviel. Aber der Herr der Zehntausend Jahre hatte sich schon wieder gefaßt und war eher belustigt als zornig, denn auf seinen Reisen in Verkleidung hatte er die Sinnesart der einfachen Menschen zur Genüge kennengelernt. Als er in seine Hauptstadt zurückkehrte, reihte er den gemaßregelten Taoisten in sein Gefolge ein und betraute ihn dann mit dem Posten eines Obergärtners in seinem neuen Sommerpalast, den er soeben in den Westlichen Hügeln hatte errichten lassen, mit dem besonderen Auftrag, die kaiserlichen Pfingstrosen zu pflegen. Und siehe da, die Pfingstrosen gediehen im Jahr darauf noch prächtiger als zuvor. Der Kaiser ließ den Taoisten zu sich kommen und sprach zu ihm mit jener anmutigen Mischung aus königlicher Würde und aufrichtiger Ehrerbietung, die der Herr der Zehntausend Jahre ansonsten den Kaiserlichen Ratgebern vorbehält, die ihm in den ersten Jahren seiner Herrschaft zur Seite stehen.

»Ehrwürden, Ihr habt den Beweis für Eure Behauptung erbracht. Es ist daher Unser Wunsch, die Kunst der nach innen gewandten Kontemplation zu erlernen; denn da sie selbst den Blumen zum Nutzen gereicht, wie sehr wird da erst ihre Beherrschung durch Uns Unserem Volke nützen!« Also sprach der Kaiser und ernannte unverzüglich den Taoisten zum Abt eines Tempels in bequemer Nähe des Sommerpalastes. Und fortan ließ Seine Majestät oftmals in aller Stille nach ihm schicken, um von seinen Lippen die geheime Kunst der Kontemplation zu erlernen.

4
Der Weg des Glaubens und der Barmherzigkeit

Die Lehre des Reinen Landes

Ich war noch nicht lange in China, als ich mir einmal bei einem Besuch in der im Süden des Landes gelegenen Stadt Weichou (Waichow) einen Sampan mietete, um eine Rundfahrt zu den Tempeln am See zu machen. Das Bootsmädchen, das wie die meisten kantonesischen Bootsleute einen spitzen Strohhut und einen schwarzen Pyjama-Anzug trug, stand, einen Fuß vor den andern gesetzt, im Heck und bewegte mit sichtlicher Anstrengung die langen hölzernen Ruder, die sich vor ihr wie die Schenkel einer riesigen Schere kreuzten. *Iih-aah iih-aah* quietschten die Ruder in ihren hölzernen Dollen – ein angenehmes, einschläferndes Geräusch, das gut in die sonnendurchglühte Szenerie paßte. Blaues Wasser, hellblauer, mit Schäfchenwolken gefleckter Himmel, leuchtend grüne Hügel, die unvermittelt emporragten, als hofften sie, für Berge gehalten zu werden, und hier und da längs des Ufers geschwungene Dächer, die aus Bambusdickicht und Büscheln von Mandelblüten hervorlugten. Schon bald näherte sich das Boot einem kleinen Tempel, der aus einer einzigen Gebetshalle aus grauen Ziegeln, mit einem schlitzartigen Hof, dem sogenannten »Himmelsbrunnen«, und einem einfachen Pförtnerhäuschen davor bestand. Beide Gebäude hatten mit grünen Platten gedeckte, aufwärts geschwungene Dächer, die auf einem komplizierten Gerüst lackierter Balken und Säulen ruhten. Als der Sampan auf die Tempelstufen zufuhr, erschien ein älterer Mann mit kahlgeschorenem Kopf und einem locker fallenden Mönchsgewand und blickte uns fest entgegen. Als ich ans Ufer trat, begrüßte er mich auf buddhistische Art, indem er vor der Brust die Handflächen zusammenlegte, und murmelte dabei die Worte »Namu Omit'ou Fu« (Heil dem Buddha des Grenzenlosen Lichtes). Indem ich meinerseits diese Formel wiederholte, verbeugte ich mich in Ehrerbietung vor seinem Alter und seiner Stellung und folgte ihm dann durch das Pförtnerhaus, in dem auf einem Brett in Goldschrift der Name des Tempels stand: PU-MEN T'ANG (Halle des Universalen Eingangs). Der Himmelsbrunnen war rasch durchquert, und als ich über die hohe Schwelle getreten war, stand ich vor einem schwarz-goldenen Altar aus kunstvoll geschnitztem Holz, versehen mit den fünf vorgeschriebenen rituellen Gefäßen, die hier aus schwerem Zinn gefertigt waren – in der Mitte eine Räuchervase, flankiert von zwei großen Leuchtern mit fußhohen karminroten Wachskerzen, und an beiden Enden eine Vase mit Mandelblütenzweigen. Im schummrigen Dunkel hinter dem Altar erhob sich eine Statue der Kuan-yin, die hier als anmutige Dame dargestellt war, in Weiß gekleidet und in der Hand eine Vase mit *amrita*, dem Nektar der Weisheit. Ein schwaches Lächeln erhellte ihr liebliches Antlitz, und ihre Augen waren halb geschlossen wie die einer Nonne in höchster meditativer Verzückung.

Wie es die Sitte verlangte, nahm ich eine Handvoll Räucherstäbchen aus einem auf dem Altar liegenden Bündel und entzündete sie an einer für diesen Zweck brennenden glasumschlossenen Öllampe. Im kräuselnd aufsteigenden duftenden Rauch stehend, sprach ich mit feierlicher Stimme dreimal die Worte:

»Namu Ta-tz'u Ta-pei Kuanshihyin P'usa!« (Heil der Gnadenreichen, Barmherzigen, die auf die Gebete der Welt achtet!) Dann vollführte ich die nach uraltem Brauch vorgeschriebenen Kotaus, dreimal im Stehen und dann kniend und mit der Stirn den Boden berührend.

Als dies getan war, wandte ich mich dem lächelnden Mönch zu, der mich durch ein Mondtor in einer der Seitenwände in eine angrenzende Einzimmerwohnung führte, wo auf einem Holzkohlenofen ein Teekessel summte, bereit für jeden Gast, der sich einstellen mochte. Mein Gastgeber nannte offenbar nur wenige Dinge sein eigen – ein schmales Bett, einige einfache hölzerne Möbel und ein paar Utensilien, die auf Borden in einer schrankartigen Nische aufgereiht waren, die zugleich als Küche und als Badezimmer diente. Nachdem er mir die Fragen gestellt hatte, mit denen man in China üblicherweise einen fremden Besucher begrüßte – nach meinem Namen, Alter, Heimatland, Beruf und so weiter –, sagte er mir, daß er allein lebe und vom Abt des viel größeren Tempels, zu dem dieser kleine gehörte, mit der Aufgabe betraut worden sei, hier nach dem Rechten zu sehen und sich um das Wohl der Besucher zu kümmern.

»Ich bin zufrieden. Wie Sie wissen, gibt es rings um den See sehr viel schönere Stätten der Andacht. Außer an Feiertagen machen sich nur wenige die Mühe, hierher zu kommen, so daß mir immer reichlich Zeit für meine Übungen bleibt.«

Da mit »Übungen« jede Art geistlicher Suche gemeint sein konnte, fragte ich ihn, welchem Weg er folge, und er erwiderte: »Ich verehre die Barmherzigkeit Bodhisattva Kuan-yin. Ich bete um die Wiedergeburt in jenem Reinen Land namens Potala, wo sie residiert – denn ich sehne mich danach, ein Bodhisattva zu werden, damit auch ich mithelfen kann, die zahllosen Wesen zu befreien, die auf immer im bitteren Ozean Samsara zwischen Geburt und

Tod kreisen – ich rufe ihren Namen jeden Tag viele zehntausend Mal.«

Viele zehntausend Mal jeden Tag? Ich musterte ihn neugierig. Sein weises und sanftes Gebaren wies ihn als einen wahrhaft vergeistigten Mann aus, als einen, der schon weit fortgeschritten war auf dem Pfad zu jenem hohen mystischen Ziel, das die Mitglieder der Sekte des Reinen Landes, zu der er offensichtlich gehörte, mit anderen Buddhisten gemeinsam haben. Indes standen das Aufsagen einer heiligen Formel und die Hoffnung auf Wiedergeburt in einer Art Paradies in so krassem Widerspruch zu meiner Vorstellung von der buddhistischen Lehre, daß ich mir die folgende Bemerkung erlaubte:

»Ehrwürden, ich habe oft von diesem Weg gehört und wäre Ihnen dankbar, wenn Sie ihn mir erläutern würden. Es steht geschrieben, der Große Buddha habe gelehrt, daß dieses Universum keinesfalls die Schöpfung einer höchsten Gottheit ist und daß der spirituelle Fortschritt sich nicht auf frommes Streben, sondern nur auf die Erweckung unseres eigenen Geistes gründen kann. Auch habe ich gelesen, daß er von den verschiedenen Kategorien himmlischer Wesen gesagt hat, auch sie seien Wanderer im Samsara und damit ebenfalls Geburt, Wachstum, Verfall und Tod unterworfen, wenngleich ihr Leben von unvorstellbar langer Dauer sein kann, so daß es eitel ist, von ihnen Hilfe für die Erlangung der Erleuchtung zu erwarten. Habe ich das richtig verstanden?«

Er lächelte und verneigte sich bejahend, und ich fuhr fort: »Verzeihen Sie, wenn meine Frage unhöflich sein sollte, aber wir westlichen Suchenden sehen notgedrungen in der Anrufung eines heiligen Namens und dem Wunsch, in einem himmlischen Reich wiedergeboren zu werden, eher eine Ähnlichkeit mit dem christlichen Gebet um Erlösung als des Buddhas Ermahnungen, daß wir uns ganz auf unsere eigenen Bemühungen stützen sollten. Wir bewundern sehr seine Worte: Seid eure eigenen Leuchten!«

Ich empfand es als rechte Anmaßung, daß ich auf diese Weise die Gültigkeit seiner Übungen in Frage stellte, denn er war ganz offensichtlich ein Mann von viel größerer Weisheit und spirituell viel weiter als ich. Ich glaubte sogar, einen Zug wahrer Heiligkeit an ihm entdeckt zu haben, und es schien deshalb geradezu dreist, ihn in dieser Weise anzureden, aber er war nicht im geringsten verstimmt. Er ließ sich jedoch auf keine Diskussion über meine Argumente ein, sondern erwiderte nur ruhig: »Warum sollten wir uns mit Widersprüchen in den begrifflichen Vorstellungen befassen – Ihren, meinen oder denen anderer Leute? Begriffe belasten nur den Geist. Direkte Erfahrung ist der einzige Weg. Nehmen Sie einmal eine der hölzernen Trommeln in Gestalt eines großen Fisches, wie wir sie bei unseren Gesängen benutzen, und sagen Sie zu ihren dumpfen Klängen irgendeinen heiligen Spruch auf, der Ihnen gerade einfällt. Ziehen Sie dabei Ihren Geist von allen äußerlichen Objekten ab, konzentrieren Sie sich nur auf das Geräusch und achten Sie aufmerksam auf das, was von innen kommt. In einer halben Stunde werden Sie mehr verstanden haben, als wenn man Ihnen einen ganzen Monat lang unsere Lehre erläutern würde.«

»Warum gerade eine Holzfisch-Trommel?«

»Bestimmte Arten von Schlaginstrumenten üben eine geheimnisvolle Wirkung aus. Um es einmal vorsichtig auszudrücken: besser *eine* rhythmische Ablenkung als Hunderte andere, die sich Ihnen ins Bewußtsein drängen würden, wollten Sie als Unerfahrener versuchen, alle Tore Ihrer Sinne gleichzeitig zu verschließen. Diese dumpfen Klänge, die mit den heiligen Worten verschmelzen, ergeben eine

Musik, die – nein, es läßt sich nicht beschreiben. Sie müssen es selbst erleben. Falls Sie nicht heute noch etwas Dringendes zu erledigen haben, könnten Sie Ihr Boot in die Stadt zurückschicken und das Mädchen anweisen, Sie morgen früh wieder hier abzuholen. Sie können auf meinem Bett schlafen. Ich habe für den seltenen Fall, daß ich einen Gast beherberge, noch eine andere Schlafstelle.«

Angenehm berührt von seinem ruhigen Lächeln und der Aura echter Heiligkeit, die ihn umgab, willigte ich sofort ein. Das Bootsmädchen strahlte, als ich ihr den vollen Fahrpreis für eine vierstündige Fahrt aushändigte und ihr noch einmal denselben Betrag für die Beendigung der Fahrt am folgenden Tag in Aussicht stellte. Außerstande, mir vorzustellen, was der alte Mönch für mich auf Lager hatte, sah ich erwartungsvoll den Dingen entgegen, die da kommen sollten. Während wir zusahen, wie das Boot vom Ufer abstieß, sagte er einfach: »Es ist mir eine Freude, einen Engländer kennenzulernen, der ein Buddhist ist wie ich. Ich hoffe, diese Begegnung wird für uns beide denkwürdig sein, denn sie muß einem Gemeinsamen entspringen, das uns in einem früheren Leben verband.«

Wir brühten frischen Tee auf und nahmen ihn mit hinaus in seinen kleinen Garten am See, wo wir die frische Brise vom Wasser her genießen konnten. Mit Muße sahen wir zu, wie die Farben der Landschaft weicher wurden, und nach einer Weile lösten sich vom jenseitigen Ufer ein paar Dschunken, Vergnügungsboote, mit denen, wie mein Gastgeber mir erklärte, wohlhabende Männer aus der Stadt auf den See hinausfuhren, um nach Sonnenuntergang ein Festmahl zu veranstalten und sich vielleicht der singenden Mädchen auf mehr als nur eine Art zu erfreuen. Mir war, als sei ich um hundert Jahre zurückversetzt worden, ins China einer längst vergangenen Zeit. Ich gab mich diesem Gefühl hin und hatte, als eine Zeitlang kein Wort zwischen uns fiel, das eigenartige Empfinden, daß mein Gefährte mir auf immaterielle Weise etwas von seinem inneren Frieden mitteilte.

»Dies also ist die Welt«, sagte er und machte eine weit ausholende Geste mit dem Arm, als wollte er mir die Schönheit vorstellen, die uns allseits umgab. »Wo keine Bindungen die Seele beflecken, ist Schönheit erhebend. Hügel, Wasser, Wolken und dergleichen stellen zum Glück nur wenig Ansprüche. Indem ich sie bewundere, bete ich die Person meiner Schutzpatronin Kuan-yin an.«

»In meinem Land sprechen Christen so von Gott. Für sie ist die gesamte Natur seine geheiligte und geliebte Schöpfung. Liegt hier nicht eine Parallele?«

»Ich glaube nicht. Das Gute und das Schöne repräsentieren für mich Kuan-yin, aber ebenso repräsentieren sie den Bodhisattva Wen-shu für dessen Anhänger und für wieder andere Leute den Bodhisattva P'u-hsien. Sie haben die Welt nicht geschaffen, so wenig wie die Häßlichkeit, das Leid und selbst den Schrecken, die manchmal hinter ihrer Schönheit verborgen sind. Sie personifizieren Barmherzigkeit, Weisheit und Güte, und man könnte sagen, daß sie im Geist ihrer Anhänger existieren.«

Im Zweifel über den Sinn dieser letzten Worte, sagte ich nur: »Erzählen Sie mir von Kuan-yin.«

»Das würde lange dauern«, erwiderte er. »Denn sehen Sie, Kuan-yin bedeutet verschiedenen Menschen jeweils etwas anderes. Nach einer alten volkstümlichen Legende war sie eine Prinzessin, die ein Keuschheitsgelübde ablegte und es vorzog, ihr Leben den Armen zu widmen, anstatt ihre Tage damit zu verbringen, einem reichen Gemahl das Haus zu bestellen. Ihr Vater, der sie einem reichen Adligen versprochen hatte, war außer sich vor Wut über ihre Weigerung, eine Ehe einzugehen, und ließ sie in einem Häuschen im Palastgarten einsperren, wobei er ihr drohte: ›Hier bleibst du, bis du gelobst, mir fortan zu gehorchen!‹ Als er dann jeden Tag aufs neue erfahren mußte, daß sie hartnäckig an ihrem Gelübde festhielt, stieß er einmal im Zorn ein paar schreckliche und unbedachte Worte aus, die seine beflissenen Bedienten unverzüglich ausführten. So wurde das Gartenhäuschen in Brand gesteckt. Als die Flammen aus den Fenstern schlugen, liefen Männer und Frauen herbei und jammerten: ›Ach, unsere arme Prinzessin!‹ Doch bevor das Häuschen endgültig die Beute der Flammen wurde, flog ein weißer Vogel aus einem der vergitterten Fenster und stieg hoch in den Himmel auf, und alle Umstehenden stießen Freudenrufe aus. Ihre mildtätige Prinzessin weilte zwar nicht mehr unter ihnen, aber sie hatte sich wenigstens in ein himmlisches Wesen verwandelt und war nicht in den Flammen umgekommen.

Es gibt viele ähnliche Geschichten, die nach dem Volksglauben von verschiedenen Inkarnationen dieses hochverehrten Wesens erzählen. Sie werden überall auf ihr Bild stoßen.

Für die Taoisten und für das einfache Volk ist sie eine Göttin, für uns aber ein weiblicher Bodhisattva oder eine Emanation der Barmherzigkeit. Fast in jedem Haushalt gibt es einen kleinen Schrein, in dem ihr Bildnis steht, umgeben von schönen Gegenständen wie leuchtenden Korallen, zarten Muschelschalen oder auch Perlen. Ihre Schreine werden aufs sorgfältigste gepflegt, um ihre Reinheit zu symbolisieren. Seeleute und Fischer beten zu ihr als Retterin aus Seenot. Obwohl sie jungfräulich blieb, erflehen kinderlose Frauen von ihr die Gnade kräftiger, schöner Söhne. Sie haben sicherlich schon vom P'u-t'ou Shan (Potala-Berg) gehört, einer der Küste von Chekiang vorgelagerten, der

Kuan-yin heiligen Insel, auf der es viele ihr geweihte Tempel sowie eine Höhle gibt, in der sie den Gläubigen erscheint. Gewöhnliche Pilger sehen nur die Felswände und den Sandboden der Höhle, während diejenigen, denen sie sich zu zeigen gewillt ist, Lotosblumen wahrnehmen, die einen lebenden Teppich bilden, in dessen Mitte eine einzelne riesige Lotosblume sich öffnet und Kuan-yin freigibt, den Blick voller Mitleid auf die Pilger gerichtet. Manche, so heißt es, vernehmen auch ihre Stimme. Wir brauchen nicht zu bezweifeln, daß Menschen, die sich ein solch einfaches Bild von ihr machen, sie – vor allem, wenn sie selbst barmherzig gegen Menschen, Tiere und Geister sind – tatsächlich in solchen Formen schauen und ihren wundertätigen Eingriff in ihre Angelegenheiten verspüren.«

»Aber es gibt andere, wie Euer Ehrwürden, die sich eine andere Vorstellung von ihr machen?«

»O ja, viele andere. Für uns ist Kuan-yin nicht bloß eine Gottheit, sondern eine strahlende Verkörperung der Macht der Barmherzigkeit. Innerhalb der Großen Leere waltet eine außerordentlich starke Kraft, aus der Weisheit und Barmherzigkeit in jeden Geist strömen, der von allem Unreinen gesäubert und bereit ist, sie zu empfangen. Gestaltlos und allgegenwärtig, ruft sie Emanationen in so vielen Formen hervor, wie es Wesen gibt, die sie sich vorzustellen vermögen. Ich habe gehört, daß in Indien und Tibet die Barmherzigkeit, die von ihr ausströmt, in männlicher Gestalt als Bodhisattva Avalokitesvara dargestellt wird. Nun, der Name Kuan-yin oder Kuan-shih-yin hat dieselbe Bedeutung (›achtend auf die Gebete der Welt‹) wie dieser Sanskrit-Name, aber wir in China stellen den Bodhisattva im allgemeinen als Frau dar, was der Eigenschaft der Barmherzigkeit angemessener erscheint. Die unsichtbaren Geisteskräfte, die von der Leere ausgehen, nehmen also jede beliebige Gestalt an, die unser Geist ihnen verleiht. Da es uns schwerfällt, Gefühle der Verehrung für abstrakte Kräfte zu empfinden, umkleidet unser Geist sie mit Formen, die wir uns vorstellen und die wir lieben können. In Kambodscha soll es Darstellungen von Kuan-yin – oder, besser gesagt, Avalokitesvara – in Pferdegestalt geben. Und warum auch nicht? Bodhisattvas manifestieren sich jeweils in der Verkleidung, die ihrer befreienden Funktion am dienlichsten ist. Sie können das Aussehen eines Königs, eines Bettlers, eines hübschen Mädchens, einer Mutter, eines Pferdes, eines Fisches annehmen. Die unbezwingliche Kraft der Weisheit–Barmherzigkeit ist kein Mythos. Jeder kann sie erfahren; illusorisch sind nur die Gestalten, die unsere Vorstellung ihnen verleiht. Den Schlangengottheiten (*nagas*) erscheint Kuan-yin zweifellos in einer Gestalt, die ihrer eigenen sehr ähnlich ist.

Ich selbst praktiziere folgendes. Indem ich mir die Buddha-Barmherzigkeit in Form eines reinen und liebreizenden Wesens vorstelle, diene ich ihr dadurch, daß ich selbst Barmherzigkeit übe, niemandem wissentlich Leid zufüge, allen Geschöpfen helfe, so gut ich kann, kein Fleisch von Lebewesen esse und meinen Geist von den Leidenschaften und Bindungen freihalte, die seine Reinheit trüben. Für mich ist Kuan-yin auch das Wasser, die Wolken, die Berge und der Himmel. Der Gesang der Vögel, das Plätschern der Wellen und das Säuseln des Windes in den Bäumen sind ihre Stimme. Das Aroma der Blumen und frischen Früchte ist ihr Duft, weil all diese Dinge es wert sind, mit dem Geist der reinen Barmherzigkeit gleichgesetzt zu werden. In Wahrheit sind alle Dinge Geist – nicht »mein« Geist, »Ihr« Geist – einfach *Geist*. Das »Ich«, so real es sich unseren irrtümlichen Wahrnehmungen darstellen mag, kann durch die Kraft des Geistes abgebaut und zum Verschwinden gebracht werden. Hand, Auge, Körper, Neigungen und Abneigungen, Gewohnheiten, Erinnerungen – in keinem von ihnen wohnt ein »Ich«. Vielmehr bezeichnet dieser Ausdruck lediglich eine Gruppe verstreuter, flüchtiger Teile, die sich von einem Augenblick zum andern wandeln. Löst man nun auch diese ab, findet man keinen »Besitzer«. Nichts bleibt von den vermeintlichen Grenzen zwischen dem individuellen Geist und dem Einen Geist übrig. Bodhisattvas sind wie alle Dinge geistgeboren – ihrem Wesen nach die Schöpfung des ewigen Geistes, ihrer Form nach so vielgestaltig wie die geistigen Vorstellungen der unzähligen Geschöpfe.

Kommen wir wieder auf die Praxis zurück. Indem man die Türen der Sinne verschließt, den Geist dem öffnet, was innen liegt, sucht man das reine, inhaltslose Bewußtsein zu erlangen. Da dies schwierig ist, müssen geschickte Mittel angewandt werden. Eines dieser wirksamen Mittel ist die gesammelte Konzentration auf die Bodhisattva-Form, die man für seine Übungen gewählt hat. Ein Geist, der gegen jede Ablenkung gefeit ist, weil er sich ganz auf den Klang des heiligen Namens konzentriert, schreitet mit Leichtigkeit zum inhaltslosen Bewußtsein fort. Ch'an-Anhänger, die sich auf ein *hua-t'ou* (*koan*) wie ›Wer verehrt den Buddha?‹, das heißt: ›Wer ist dieses sogenannte Ich?‹ konzentrieren, kommen zu demselben Ergebnis. Im Grunde sind die beiden Praktiken ein und dasselbe. Mit Verblendung geschlagene Geister sind wie Affen, die nach Gegenständen greifen und sie wahllos vom Baum werfen. Sicherlich haben Sie schon bemerkt, wie die Gedanken fließend und wirbelnd andrängen, wenn die Türen der Sinne nicht genügend verschlossen sind. Sie sind hartnäckiger als Fliegen, die einen verwundeten Büffel umschwirren. Daher die Notwendigkeit, sich auf ein einziges Objekt zu konzentrieren und dann unmerklich zur Stufe der Vorstellung von Nichts überzugehen. Wenn es sich bei diesem Objekt um ein erhabenes handelt, eine Inkarnation der Weisheit-Barmherzigkeit, um so besser. Es bereitet den Geist auf das vor, was sich im Innern befindet, wenn die Trugbilder aufhören, und es erzeugt Barmherzigkeit, die zu jeder Zeit das Denken und Handeln des Meditierenden prägen wird. Konzentration auf den Atem führt ebenfalls zur Ausrichtung auf einen Punkt und von da aus zum inhaltslosen Bewußtsein, doch dieser andere Gewinn geht wieder verloren, und Selbstzufriedenheit kann das Ergebnis beeinträchtigen.

Einfache Menschen können im Aufsagen der Anrufung Kuan-yins ein Zaubermittel zur Erlangung der Gunst einer Göttin sehen. Das schadet nichts. Obgleich die Praxis in diesem Fall auf einer anderen Stufe beginnt, läßt sie diese Menschen nicht im Stich. In der Tat erreichen Analphabeten das inhaltslose Bewußtsein oft leichter als gebildete Menschen. Ihr Geist ist nicht so vollgestopft.«

Er lächelte und lehnte sich zurück, wobei er mich forschend ansah, als erwarte er, daß ich gegen das zuletzt Gesagte Einspruch erheben würde, aber ich erwiderte: »So ist es. Eine meiner Lieblingsgeschichten ist die von einem chinesischen Bauern irgendwo an der Grenze nach Tibet, dem ein tibetanischer Lama auftrug, die heilige Formel aufzusagen, die mit Avalokitesvara in Verbindung gebracht wird: *Om mani padme hum*. Der Lama schrieb sie ihm in chinesischen Zeichen auf, und einer der kaum des Lesens kundigen Freunde des Bauern deutete die letzte Silbe falsch und versicherte ihm, sie sei genauso auszusprechen wie das chinesische Wort für Ochse. Dementsprechend verbrachte der Bauer jeden Tag Stunden mit dem Aufsagen der Formel ›*Om mani padme – Ochs*‹! Die Erfolge waren bewundernswert, bis ihn eines Tages jemand auf seinen Fehler aufmerksam machte und ihn korrigierte. Von da an erzielte er überhaupt keine nennenswerten Ergebnisse mehr, und sein Lama, der einige Zeit später von der Sache hörte, wies ihn an, es wieder so zu sagen wie anfangs, woraufhin wieder alles zum besten lief. Ich nehme an, dieser Mann hatte eine natürliche Begabung für Meditation, die so lange ihre Wirkung tat, bis sein Geist durch Begriffe wie richtig und falsch verwirrt wurde.«

Er nickte, und nach kurzem Schweigen stellte ich eine Frage, die mich schon die ganze Zeit beschäftigt hatte: »Was geschieht weiter, wenn die Stufe des inhaltslosen Bewußtsein erreicht ist?«

Sichtlich bemüht, sein Erstaunen über soviel Naivität zu verbergen, antwortete er: »Noch keiner hat je die Worte gefunden, um zu beschreiben, was geschieht, wenn man über das begriffliche Denken hinausgelangt. Wörter sind untrennbar mit Begriffen verbunden. Nehmen Sie zum Beispiel den Geschmack von Honig. Sie haben ihn als süß und angenehm in Erinnerung. Sie erkennen ihn augenblicks wieder, wenn Sie wieder einmal Honig essen, aber können Sie *beschreiben*, wie er schmeckt? Der Hinweis, daß er süß schmeckt, aber anders als Sirup, wird einem, der noch nie Honig gekostet hat, überhaupt nicht weiterhelfen. Die Frage läßt sich bestenfalls mit recht ungenauen und wahrscheinlich mißverständlichen Vergleichen beantworten.«

Er dachte eine Weile nach und fuhr dann fort: »Wenn das inhaltslose Bewußtsein erreicht wird, bleibt keine Spur mehr von »Selbst« und »Anderem«. Der Fluß und seine Ufer sind eines. Der Regentropfen ist in den Teich eingegangen. Die Flamme ist vom Feuer verzehrt worden. Man kann nicht einmal sagen, daß sich Glückseligkeit einstellt, denn Glückseligkeit und Nicht-Glückseligkeit gehören ebenfalls zu den Begriffen, über die man hinausgelangt ist. Allerdings kehrt man aus diesem Zustand mit einer Erinnerung an eine Glückseligkeit zurück, mit der sich nichts vergleichen läßt, was unter dem grenzenlosen Himmel existiert. Auch empfindet man Heiterkeit. Das Universum hat seine Schrecken verloren. Das Herz geht einem über vor Dankbarkeit und Verehrung, und alles – Pfützen, Küchenborde, eine rostige Pfanne, gewöhnliches Unkraut – strahlt vor Schönheit.«

Tief bewegt sah ich auf den mondbeschienenen See hinaus, und die auf und ab tanzenden Laternen der Vergnügungsboote erinnerten mich an Glühwürmchen. Plötzlich wurde mir bewußt, daß ich hungrig war, und mein Gastgeber, als hätte er es gespürt, ließ mich allein und ging den Abendreis zubereiten. Nicht lange danach saßen wir in seiner kleinen Wohnung und aßen mit unseren Stäbchen die einfachen Gerichte, die er aus Bohnenpaste, Pilzen und Chinakohl gekocht hatte. Wir hatten so lange geredet, daß er den der christlichen Vesper entsprechenden Abendritus ausgelassen hatte. Nun wollte er ihn nachholen, und er fragte mich, ob ich dabei zugegen sein möchte.

Ob nun aus Rücksicht auf mich oder nicht, der Ritus erwies sich als sehr einfach. Er bestand aus einem Rauchopfer-Gesang, der (auf einer Holzfisch-Trommel begleiteten) Rezitation eines kurzen Lobgedichts der Kräfte der Barmherzigkeit von Kuan-yin, dem mehrmaligen Ausrufen ihres heiligen Namens und einem Schlußgesang, in dem der Segen der inneren Ruhe für alle Wesen in ›den sechs Stadien des Seins‹ erfleht wurde. Die meiste Zeit standen wir vor dem Altar, aber während der Anrufung des heiligen Namens umschritten wir den Schrein, anfangs langsam und dann immer schneller im beschleunigten Rhythmus der dumpfen Töne, die der alte Mann seiner Trommel entlockte. Das langsame, feierliche B-o-k! B-o-k! B-o-k! ging über in ein so hastiges Bok-bok-bok-bok, Bok-bok-bok, daß ich kaum mithalten konnte, ohne in Laufschritt zu verfallen. Dies war eine rituelle Variante jener Praxis, bei der man mit untergeschlagenen Beinen sitzend rezitiert, und man konnte deshalb nicht die gleichen tiefgreifenden Resultate davon erwarten. Dennoch verursachte das immer wieder zum dröhnenden Trommelklang wiederholte »Namu Kuan-shih-yin P'usa« ein gewisses Gefühl der Erhebung. Das flackernde Kerzenlicht verlieh dem lieblichen Antlitz der Statue einen fast unheimlich lebendigen Ausdruck, und ich konnte mich nicht des Gefühls erwehren, daß die barmherzige Kuan-yin mich einigermaßen belustigt beobachtete.

Am Morgen assistierte ich meinem Gastgeber, so gut ich konnte, bei einem komplizierteren und abwechslungsreicheren Ritus als dem eben geschilderten. Er war bald nach Sonnenaufgang zu Ende, und eine Stunde später kehrte mein Sampan zurück, um mich zu den anderen Tempeln rings um den See zu bringen. Mein Gastgeber verabschiedete mich freundlich, doch ohne Bedauern. Ich war überzeugt, daß es ihm nichts ausmachte, ohne menschliche Gesellschaft zurückzubleiben. Schließlich war es ein wichtiger Grundsatz seines Glaubens, daß man sich freuen soll, ohne abhängig zu werden.

Die Anhänger der barmherzigen Kuan-yin bilden eine Untergruppe der Sekte des Reinen Landes (Chin T'u Tsung), die im vorkommunistischen China wahrscheinlich mehr Mitglieder hatte als jede andere Form des Buddhismus, so wie sie (unter dem Namen Shin) noch immer die meisten Anhänger unter den japanischen Buddhisten hat, trotz ihrer offensichtlichen Abweichungen von den allgemein gültigen Lehren des Buddha. Westliche Autoren sind sogar so weit gegangen, die Sekte des Reinen Landes als »ein fernöstliches Gegenstück zum Christentum, dem vom Buddhismus nur noch der Name geblieben ist«, zu bezeichnen. Andere sagen der Sekte einen nestorianischen Ursprung nach oder vertreten die Auffassung, daß ihre Lehren sich von zentralasiatischen Anhängern der Sonnengottheit herleiten, die in der T'ang-Zeit in der chinesischen Hauptstadt Ch'ang An ihren Sitz hatte. Daß sich von den westlichen Menschen, die sich in letzter Zeit dem Buddhismus zuwandten, so wenige zu dieser Sekte hingezogen fühlen, liegt ohne Zweifel an deren *scheinbarer* Ähnlichkeit mit der christlichen Religion, der sie aus der Erkenntnis den Rücken kehrten, daß der Buddhismus anregender und für moderne Menschen annehmbarer ist und sich besser mit dem vorherrschenden naturwissenschaftlichen Denken vereinbaren läßt.

Wenn solche Kritik gerechtfertigt ist, muß es dennoch sonderbar anmuten, daß die Sekte des Reinen Landes eine so tiefgreifende Wirkung auf den Fernen Osten ausgeübt hat. Überdies erklärte Dr. Daisetz T. Suzuki, dieser große Wegbereiter des Zen, auf den die gesamte Zen-Bewegung im Westen zurückgeht, in einem seiner Bücher, daß mehr Menschen durch die Sekte des Reinen Landes zur Selbstverwirklichung gelangt seien als durch Zen. In seinem letzten Buch bezeichnete er den Shin-Buddhismus als »Japans größtes religiöses Vermächtnis für den Westen«.*
Shin-Buddhismus, also die Sekte des Reinen Landes, nicht Zen! Derlei Argumente lassen sich nicht leichthin von der Hand weisen.

Mir persönlich geht es weniger darum, die Lehren dieser

* Die deutsche Ausgabe trägt den Titel *Amida – der Buddha der Liebe*, O. W. Barth Verlag, München 1974.

Sekte mit anderen Formen des Buddhismus in Einklang zu bringen, als darum, überzeugend darzulegen, daß die Reine-Land-Praxis ein legitimer (und zudem relativ einfacher) Weg ist, das Ziel des Mystikers zu erreichen.

Die zentrale Gestalt ist Amitabha Buddha (Unendliches Licht), der auch in der Gestalt des Amitayus Buddha (Unendliches Leben) verehrt wird. Die grundlegende Lehre hat folgenden, sehr poetischen Inhalt: Das Amitayus-Sutra berichtet davon, wie der Buddha in Gegenwart einer großen Versammlung himmlischer und irdischer Wesen dem Alten Sariputra mitteilte, daß im westlichen Teil des Universums, jenseits einer unendlichen Anzahl von Buddha-Reichen, ein Reich mit dem Namen Sukhavati liegt, das Reine Land, über das der Amitayus Buddha, die Verkörperung des Unendlichen Lebens und Lichtes, herrscht. Die dort wohnen, kennen keine Sorge, nur Freude. Seine anmutigen Gefilde sind mit Edelsteinbäumen besetzt, und es finden sich dort sieben Edelsteinteiche, wo das »Wasser der acht Verdienste« über goldenen Sand fließt, vorbei an Pagoden und Pavillons, die aus Gold, Silber, Kristall, Perlen und anderem kostbaren Material gearbeitet sind. Aus den Teichen erheben sich riesige Lotosblumen, die Strahlen farbigen Lichts und einen unbeschreiblich süßen Wohlgeruch aussenden. Sphärenmusik schmeichelt dem Ohr. Blumen regnen auf die goldene Erde nieder, und der Gesang der Vögel ist wunderbar melodiös und heilig. All diese Wunder wurden vom Amitayus Buddha vollbracht, dessen Person alle Teile des Landes mit strahlendem Licht erhellt. Sie entspringen seinem barmherzigen Wunsch, die Wesen von der Äonen währenden Wiedergeburt zu erlösen. Alles ist hier diesem heiligen Zweck förderlich. Selbst die Gesänge der Vögel und die Musik der Brise bringen jeden, der sie hört, dazu, über die Lehren Buddhas zu meditieren.

In einem anderen Sutra wird erklärt, daß das Reine Land in Erwiderung auf das barmherzige Gelübde des Amitabha Buddha (identisch mit Amitayus) entstand, nämlich daß er den Früchten seiner eigenen Erleuchtung entsagen wolle, wenn es irgend einem Lebewesen, das sich nach dem Einzug in ein solches Reich sehne und sich auch nur zehn flüchtige Augenblicke des Denkens lang gänzlich darauf konzentriere, nicht gelänge, dort wiedergeboren zu werden. Dem Amitayus-Sutra zufolge wurde im Laufe der zehn Äonen, die seit diesem Gelübde vergangen sind, eine unvorstellbar große Zahl von Schülern angenommen, darunter auch Arahants und Bodhisattvas. Wer immer den Namen dieses Buddhas vernimmt, soll sich danach sehnen, in seinem Reinen Land geboren zu werden und in dieser Gemeinschaft von Heiligen zu wohnen. Alle gutherzigen Männer und Frauen können dadurch, daß sie seinen heiligen Namen ein bis sieben Tage lang mit voller Konzentration aussprechen, erreichen, daß ihnen Amitayus im Augenblick ihres Todes erscheint und sie in sein Paradies des Westens aufnimmt. Dort werden sie glücklich sein und verweilen, bis sie die volle Erleuchtung erlangen, die unter anderen Bedingungen so schwer zu erringen ist.

Amitabhas Erlösungskraft wird also der ungeheuren Macht der Barmherzigkeit eines reinen Wesens zugeschrieben, das lieber für sich selbst auf das Letzte Nirwana verzichtet, als zuzulassen, daß andere Wesen auf ewig im Meer der Sorgen umhergetrieben werden. Aus dieser Lehre hat sich die Praxis des täglichen Aufsagens der das Reine Land betreffenden Sutras und der Meditation über Amitabhas heiligen Namen mit nie nachlassender Konzentration entwickelt. Von größtem Interesse ist die Tatsache, daß, gleichgültig, ob die Anhänger die Lehre wörtlich nehmen, wie viele es tun, oder sie als eine Allegorie zur

Mitteilung von Wahrheiten betrachten, die sich nicht direkt in Worten ausdrücken lassen, das Praktizieren der Lehre jedenfalls die Intuition hervorrufen kann, die zur Erlangung des mystischen Ziels und daher zur selbstlosen Barmherzigkeit führt. Diejenigen, die das Reine Land wörtlich als ein Paradies auffassen, in das man von außen her gelangen kann, drücken diesen Glauben oft folgendermaßen aus:

»So wichtig ist es, den geheiligten Namen so oft wie möglich gläubig und mit Konzentration auszusprechen, daß wir uns manchmal sogar mit den Worten ›Namu Omit'ou Fu‹ (Heil dem Amitabha Buddha) begrüßen, um auch nicht einen Augenblick auf triviale Redensarten wie ›Guten Morgen‹ oder ›Auf Wiedersehen‹ zu verschwenden, aber niemand ist wirklich der Meinung, daß die Wiederholung des Namens viel Sinn hat, wenn es an Konzentration mangelt. Den geheiligten Namen vor sich hinzuplappern, während man in Gedanken bei Kindern, Geschäften oder hübschen Mädchen ist, gilt als Verstoß gegen die Reinheit des Geistes. Manchmal werden wir gefragt, warum wir den geheiligten Namen so oft aussprechen, da doch das Sutra ausdrücklich erklärt, daß der ernsthafte Wunsch, in seinem Reich wiedergeboren zu werden, gewißlich in Erfüllung gehen wird, selbst wenn er nur für zehn flüchtige Augenblicke des Denkens aufrechterhalten wird. Doch wer wüßte mit Sicherheit, daß seine Konzentration jemals auch nur für eine so kurze Zeitspanne ungeteilt gewesen wäre? Und wie sollen wir uns unser Leben lang die Reinheit des Herzens bewahren, wenn wir von der Praxis ablassen? Man bekommt gelegentlich zu hören, Amitabhas Erlösungskraft sei so groß, daß die Gläubigen einen lockeren Lebenswandel führen und der Barmherzigkeit ermangeln, aber dennoch kraft ihres Glaubens das

Reine Land erreichen könnten. Welch eine gefährliche Irr-lehre! Wie könnte einer wahrhaft an dieses reine Wesen glauben und dabei in Versuchung geraten, einen lockeren Lebenswandel zu führen oder in seinem Handeln ohne Barmherzigkeit zu sein? Die unbefleckte Reinheit des Geistes zu erreichen, ist eine nie vollendete Aufgabe. Vollkommene Konzentration ist jedoch nur möglich, wenn der Geist rein ist, und die erste Voraussetzung für die Reinheit des Geistes ist die Reinheit des Betragens. Deshalb bemühen wir uns, unser Leben zu leben, ohne irgend jemandem ein Leid anzutun, ernähren uns aus Mitgefühl für die Lebewesen nur von pflanzlicher Kost, pflegen barmherzige Gedanken und sind freigebig gegenüber den Armen. Gewiß, die auf diese Weise erworbenen Verdienste bleiben zehntausend *yojanas* hinter den Verdiensten zurück, die für die Erlangung der Erleuchtung notwendig sind. Gute Werke allein richten nichts aus oder würden doch nichts ausrichten, wenn wir uns nicht an Amitabhas heilige Gelübde hielten. Aber während wir in dieser Welt des Staubes leben, ist der Weg der Reinheit und der Barmherzigkeit freudvoll. In alter Zeit gab es viele, die wie Sakyamuni nach äonenlangem Bemühen die Erleuchtung erlangten. Wir, die wir in dieses Zeitalter des Niedergangs hineingeboren wurden, sind zu sehr mit Unwissenheit und Verblendung geschlagen, um diesem erhabenen Pfad zu folgen. Deshalb streben wir nach der Wiedergeburt im Reinen Land, jenem Reich der Glückseligkeit, in dem alle Dinge einem geheiligten Zustand des Geistes förderlich sind, der zu gegebener Zeit ins Nirwana führen wird.«

Auf den ersten Blick scheint es, als hätte die Lehre vom Reinen Land wenig mit dem Buddhismus zu schaffen, wie man ihn gemeinhin versteht, und als sei sie nur für Menschen von recht einfachem Gemüt geeignet. Man könnte einwenden, daß der Buddhismus stets großen Wert auf die Selbstreinigung von den drei Feuern des Zorns, des übertriebenen Begehrens und der Selbsttäuschung gelegt hat, auf die Negierung ichbezogener Begriffe durch eigenes Bemühen des Gläubigen, daß das Verbot, Gnade und Erlösung von irgendeiner Gottheit zu erwarten, auch auf die Lehre vom Reinen Land angewandt werden müsse. Wo liegt der Wesensunterschied zwischen dem Glauben an Amitabha und dem Glauben an die Erlöserkraft eines Wesens wie Jesus Christus, den die Buddhisten als Aberglauben ablehnen? Und weiter, wie kann sich ein Mensch, dessen intellektuelle Fähigkeiten seinen spirituellen Erwartungen entsprechen, an Geschichten von Edelsteinseen und -bäumen, von Vögeln, die das heilige Gesetz predigen, und ähnlichen Phantasien blenden lassen? Als ich einmal gegenüber einem *fa-shih* (*roshi*, vollendeter Lehrer) des Reinen Landes diese Einwände äußerte, antwortete er mir sinngemäß wie folgt:

»Sie haben noch vergessen, daß die gelehrten Forscher mittlerweile die Authentizität des ganzen Kanons der Sutras vom Reinen Land in Zweifel ziehen. Aber wenn schon; ihre gelehrten Bemühungen sind sinnlos. Und warum? Sakyamuni Buddha, der ruhmreiche Gründer unserer buddhistischen Religion, hat eine subtile Lehre verkündet, die nicht leicht zu begreifen ist für Wesen, die in diesem degenerierten Zeitalter (*kaliyug*) geboren sind. In der Voraussicht, daß es so kommen würde, hat der Gesegnete die Anwendung sinnreicher Mittel (*upaya*) gebilligt, wie sie den Wesen auf den verschiedenen spirituellen Stufen angemessen sind. Diejenigen Mitglieder unserer Sekte, die Schilderungen des Reinen Landes und der Wege dorthin wörtlich nehmen, verlieren dadurch nichts, denn diese Lehre enthält eine tiefe und geheiligte Wahrheit in einer Form, die ihrem

Begriffsvermögen entspricht. Daß man sich sein Ziel als eine mit Gold gepflasterte Stadt vorstellt, hindert einen nicht daran, es zu erreichen, wenn man den Weg kennt. Andere Mitglieder unserer Sekte fassen ihre Lehren als poetische Allegorie auf. Aber alle miteinander pflegen die Reinheit des Geistes und die selbstlose Barmherzigkeit, und in beiden Gruppen gibt es viele, die durch die Konzentration auf den Namen des Amitabha Buddha die volle Verwirklichung erlangen. Glauben Sie, ihre Verwirklichung unterscheide sich von der, welche die Anhänger der Ch'an-Lehren erreichen? Wie sollte das zugehen? Ob man den Quell der Weisheit und Barmherzigkeit gewinnt, hängt nicht davon ab, welchen Namen und welche Gestalt man der Vorstellung von diesem Quell gibt. Auch sind selbst die einfachsten Mönche und Laien nicht so unwissend hinsichtlich der inneren Bedeutung unserer Lehre, wie Sie vielleicht annehmen; denn der Text des Abendritus, der in Tempeln und Klöstern jeder buddhistischen Sekte in ganz China vollzogen wird, enthält die Worte: ›Die sich danach sehnen, alle Buddhas der Dreifachen Welt zu verstehen, sollten wissen, daß die Natur des Universums nichts als Geist ist!‹ So gesehen unterscheidet sich die geistige Schöpfung des barmherzigen Amitabha, die man als das Reine Land bezeichnet, in keiner Weise von dem Einen Geist, der auch das Tao, die Leere, der Schoß der Tathagatas ist, das, was allein auf ewig existiert – gestaltlos, rein, unendlich, ewig. Um uns dieses vom Geist geschaffenen Reinen Landes zu erfreuen, müssen auch wir es in unserem Geist erschaffen, dem Gestaltlosen Gestalt gebend. Amitabha Buddha ist nichts anderes als jene Kraft der Weisheit und Barmherzigkeit, die sich in jedem Menschen regt, wenn er still wird und den Irrweg der Ichbezogenheit verläßt.

Sie sollten auch wissen, daß die Sutras, in denen das

Reine Land beschrieben wird, auch von Zehntausenden solcher Buddha-Reiche sprechen, denn die Macht geistiger Schöpfung ist so unermeßlich und dieses Universum so unendlich, daß unsere armselige Welt einem einzigen Sandkörnchen des Ganges vergleichbar ist. Von grenzenloser Ausdehnung ist der Geist, und es gibt so viele Buddha-Reiche, wie es von Weisheit und Barmherzigkeit erleuchtete Geister gibt, die sie in der Vorstellung erschaffen. Was nun unsere Praxis angeht, so ist eine der wirksamsten unter den zahllosen Methoden, den Geist von den Objekten der Sinne zu lösen, damit die Weisheit ungehindert aus dem Inneren fließen könne, die Konzentration auf eine heilige Formel. Diejenigen, die sich das Reine Land als einen Ort vorstellen, an den man von außen gelangt, erfahren ihn so; diejenigen, die ihn als einen erleuchteten Zustand des Geistes begreifen, erfahren ihn als reine Leere. Die Sutras selbst weisen auf diese verschiedenen Kategorien von Gläubigen hin, indem sie von niedrigeren und höheren Graden der Seinserkenntnis sprechen. Es liegt auf der Hand, daß die letztere Kategorie die volle Erkenntnis rascher erlangt, was aber nicht heißt, daß sie ihr auch sicherer wäre.

Unsere Lehren vom Reinen Land werden bekanntlich der ›Anderen Kraft‹ (*t'a-li*) zugeordnet, die Ch'an-Lehren hingegen der ›Ich-Kraft‹ (*tzŭ-li*). Es ist reine Selbsttäuschung anzunehmen, daß sie sich voneinander unterscheiden. Der Geist kennt keine räumlichen Grenzen, kein Innen und Außen, kein Selbst und Anderes. Nimmt man an, daß Ihr Geist und mein Geist unabhängig voneinander und getrennt vom göttlichen Geist selbst existieren könnten, wird es den Anschein haben, daß unsere jeweiligen Bemühungen der Ich-Kraft zuzuordnen sind. Wenn Sie erkennen, daß Ihr Geist vom *Geist* mit Kraft erfüllt wird, können Sie von der Macht des Anderen sprechen. Und wenn

Sie die Stufe erreichen, auf der Ihnen klar wird, daß Ihr Geist *Geist* ist, wird das ganze Geschwätz über das Selbst und das Andere bedeutungslos. So ist es auch mit dem Reinen Land. Sie können es als das ›Andere‹ sehen, als einen Ort, an den man gelangen kann, oder als ›Ich‹ als einen Ort, der in Ihnen selbst liegt. Solche begrifflichen Unterscheidungen sind barer Unsinn. Je eher Sie sich von ihnen freimachen, um so weiser werden Sie sein.«

Ob die Erläuterungen dieses gelehrten Mönches (die er mir zuliebe in die denkbar einfachsten Worte faßte) nun dazu beitragen, die Lehre vom Reinen Land mit der buddhistischen Lehre insgesamt in Einklang zu bringen oder nicht, die Frage verliert auf jeden Fall an Gewicht, je größer die Einsicht wird. Denn mystische Seinserkenntnis ist eine Angelegenheit direkter Erfahrung, die mit begrifflichem Denken nichts zu tun hat. Daß die chinesischen Buddhisten keinen Widerspruch zwischen den Lehren von der Ich-Kraft und der Anderen Kraft sahen, geht daraus hervor, daß selbst in Ch'an(Zen)-Klöstern die Rezitation des heiligen Namens Bestandteil der Morgen- und Abendriten war. Dieselben Mönche suchten Inspiration durch die »Andere Kraft« im Gebetsraum und »Ich-Kraft«-Inspiration im Meditationsraum, wobei dieses Abwechseln sie davor bewahren sollte, in selbstgegrabene Gruben zu fallen. Denn auch nur ein einziger Gedanke wie »*Ich* habe diese oder jene Stufe erreicht« wirft einen Meditierenden genauso unweigerlich aus der Bahn, wie man bei manchen Gesellschaftsspielen an den Ausgangspunkt zurück muß, wenn man eine bestimmte Zahl würfelt. Der irrige Begriff »Ich« dringt, wenn wir nicht sehr auf der Hut sind, in unser Bewußtsein ein.

Die meisten chinesischen Tempel, welcher Sekte auch immer sie angehörten, enthielten eine Statue von Amitabha.

Oft gab es sogar einen besonderen Raum, in dem sein Bild aufgestellt war, mit seinen bedeutendsten Emanationen, den Bodhisattvas Ta Shih-chih und Kuan-yin, zu beiden Seiten; und gewöhnlich war auch ein Raum oder Schrein ganz der Kuan-yin geweiht, da sie bei den Laiengläubigen so beliebt war. Die Neigung vieler Anhänger des Reinen Landes, Kuan-yin anstelle von Amitabha in den Mittelpunkt ihrer Kontemplation zu stellen, läßt sich meines Erachtens mit der natürlichen Verwandtschaft zwischen dem Prinzip der Barmherzigkeit und dem Weiblichen erklären. Unter den Gottheiten Ägyptens, Griechenlands und der gesamten antiken Welt unserer Geschichtsbücher erlangte stets die Muttergöttin eine beherrschende Stellung, und für viele hinduistische Sekten gilt dies auch heute noch. Die Taoisten haben schon vor langer Zeit Kuan-yin als Göttin angenommen. Unter den drei wichtigsten christlichen Konfessionen verehren zwei, die orthodoxe und die katholische Kirche, in besonderem Maße die Muttergottes, und es gab eine Zeit, in der die Weisheit (Sophia) von ihren Anhängern unter den Christen praktisch als Göttin verehrt wurde. In ähnlicher Weise werden in vielen buddhistischen Schulen und Sekten Weisheit und Barmherzigkeit in weiblicher Gestalt verkörpert – als Kuan-yin oder Tara. Mir erscheint dies so einleuchtend und vernünftig, daß ich mich manchmal wirklich frage, wieso die oberste Gottheit (die ja eigentlich überhaupt nicht mit eindeutig männlichen oder weiblichen Merkmalen ausgestattet sein dürfte) so oft als ausschließlich männliches Wesen dargestellt wird. Es ist viel natürlicher, sich den Ursprung alles Seins in weiblicher Gestalt vorzustellen. Lao-tse spricht von der Mutter des Universums (wenn auch nicht in anthropomorphem Sinne), und »Schoß des Universums« ist ein Ausdruck, der sich sowohl bei Wissenschaftlern wie bei Dichtern findet.

Obgleich verständlicherweise viele Menschen die Lehren vom Reinen Land als unvereinbar mit dem Buddhismus insgesamt betrachten, wird einem beim Studium von Schriften dieser Schule schon bald klar, daß sie in metaphysischer Hinsicht genauso tief in der traditionellen Mahayana-Lehre wurzeln wie die jeder anderen Sekte des Mahayana-Buddhismus. Dieses Argument fällt jedoch kaum ins Gewicht im Vergleich zu ihrer eigentlichen Rechtfertigung, die in ihrer Wirksamkeit als Mittel zur Erlangung der Seinserkenntnis zu sehen ist. Angesichts dieser Wirksamkeit ist man keineswegs überrascht zu entdecken, daß sie starke Ähnlichkeiten mit den Lehren und Praktiken vieler anderer Glaubensrichtungen aufweist. In diesem Zusammenhang erinnert man sich an die von den Sufi-Mystikern verwendeten Invokationen, an die dem Weg des *bhakti* geltenden Invokationen der Hindu-Anhänger (»Hare Krishna« und so weiter) sowie an die heilige Formel, die von den Betern der russisch-orthodoxen Kirche als Mittel zur Verwirklichung verwendet wurde. Die Art der Anwendung dieser Invokationen unterscheidet sich kaum vom Gebrauch der heiligen Formeln »Namu Omit'ou Fu« und »Namu Kuan-shih-yin P'usa« bei den Mitgliedern der Sekte des Reinen Landes. Hinzu kommt, daß Beschreibungen der erhabenen Erfahrungen, die auf solche oder ähnliche Weise von Mystikern verschiedener Religionszugehörigkeit erzielt werden, überraschende Ähnlichkeiten erkennen lassen. Daisetz T. Suzuki, der sein ganzes Leben dem Studium und der Verbreitung der Zen-Lehren widmete, war zum Schluß so sehr von der Weisheit der Lehre des Reinen Landes überzeugt, daß er in seinem letzten Buch schrieb: »Sich auf die Ich-Kraft verlassen, ist Stolz, und dieser Stolz ist ebenso schwer auszurotten wie der Glaube an die Ich-Kraft.« Sein Glaube an das Reine Land war jedoch nicht das Ergebnis einer wörtlichen Auslegung, denn er schrieb auch: »Wir erleben das Reine Land, während wir uns hier befinden, und wir tragen es allezeit mit uns. Genaugenommen umgibt uns das Reine Land überall. Wir werden uns dessen bewußt, wir erkennen, daß Amida gekommen ist, um uns zu helfen, wenn alle Kämpfe durchgestanden und ausgeschöpft worden sind.«* (Amida ist die japanische Form des Namens Amitabha.)

Überall auf der Welt und zu allen Zeiten hat es Suchende gegeben, die sich nach der Glückseligkeit der Verwirklichung sehnten. Ihr Ziel, das unbefleckte Tao, wurde mit vielen verschiedenen Namen belegt, und es gab Unterschiede in den ersten Etappen des Weges, nicht aber im Ziel selbst. Wo die Suche zur Sehnsucht wird, ist der Pfad des Glaubens und der Barmherzigkeit der richtige; wo sie nicht weniger zwingend, aber »handfester« entsteht, wird ein Zen-ähnlicher Pfad vorgezogen. Beide Pfade führen über den Intellekt hinaus. Sie und andere Pfade, die wiederum anderen Stufen der Wahrnehmung angemessen sind, verschmelzen, so groß auch am Anfang die Unterschiede zwischen ihnen sein mögen, zum Ende hin, nämlich dort, wo das begriffliche Denken transzendiert wird. Sektierertum in dem Sinne, daß ein Pfad als der einzig richtige ausgegeben und andere verunglimpft worden wären, ist der chinesischen Tradition fremd, weshalb die Religionsgeschichte Chinas nicht im geringsten den blutbesudelten Annalen des Christentums und des Islams gleicht. Manch ein entschiedener Verfechter von Ch'an (Zen) hat auf bewegende Weise den Methoden des Reinen Landes seine Reverenz erwiesen und umgekehrt. Man kann es nur bedauern, wenn

---

* Daisetz T. Suzuki: *Amida – der Buddha der Liebe,* München 1974, S. 73.

gewisse buddhistische Autoren im Westen sich geringschätzig über den Buddhismus des Reinen Landes äußern, denn dessen Anhänger waren zumindest immer liebenswerte Menschen, durchdrungen von den buddhistischen Tugenden der Toleranz und Barmherzigkeit, und es hat auch gar nicht wenige vollendete Mystiker unter ihnen gegeben.

Vieles von dem, was an den Überlieferungen und Institutionen des chinesischen Buddhismus bewundernswert war, entsprang der Sorge der Anhänger des Reinen Landes um ihre Mitmenschen. Ich selbst habe immer besonders gerne die sogenannten »Tugendhäuser« (*shan t'ang*) besucht. Kleinen Nonnenklöstern ähnlich, standen sie oft in einer anmutigen ländlichen Umgebung nicht allzu weit von einer größeren Stadt. Viele Damen pflegten sich für einen oder zwei Monate an einen solchen Ort der inneren Einkehr zurückzuziehen, um sich fernab vom Getriebe der Welt der stillen Betrachtung und Übungen der Andacht zu widmen. Diese Laien-Institutionen dienten auch als Zentren der Wohltätigkeit, und ältere Menschen konnten hier einen friedlichen Lebensabend verbringen. Besucher waren willkommen und wurden stets von lächelnden alten Damen mit Tee und Süßigkeiten oder einer köstlichen vegetarischen Mahlzeit bewirtet. Die Anlagen auf dem dazugehörigen Gelände waren stets aufs sorgsamste gepflegt, und manchmal enthielten sie bemerkenswerte Zeugnisse buddhistischer Kunst, aber was mir am lebhaftesten in Erinnerung blieb, ist die heitere Ruhe der Bewohnerinnen. Als Anhängerinnen des Amitabha oder der Kuan-yin strömten sie förmlich über vor Freundlichkeit und sanftmütigem Frohsinn. Trotz ihres im allgemeinen einfachen Wesens empfand man ihre bloße Gegenwart als anregend und inspirierend. Es war dies ein buddhistischer Nachklang der alten taoistischen Philosophie, die Leben und Tod mit der-

selben unbeirrbaren Seelenruhe hinnimmt. Der allgegen-
wärtige Duft von Weihrauch und Blumen symbolisierte
aufs erfreulichste das Reine Land, das sie bereits in ihrem
Herzen trugen.

5
Der Weg des Wissens
Gelehrsamkeit unter mystischer Führung

Es herrscht weitgehend Übereinstimmung darüber, daß Gelehrsamkeit und die Pflege mystischer Intuition sich nicht vertragen. Die eine beruht auf begrifflichem Denken; in der anderen sind nennenswerte Fortschritte erst dann zu erwarten, wenn man über das begriffliche Denken hinausgelangt ist. Einer meiner Lehrer pflegte immer zu sagen: »Wenn Ihr Geist mit Gegenständen aller Farben, Formen und Größen angefüllt ist, wie können Sie dann das magische – farblose, undifferenzierte – Elixier daraus schöpfen, das zur Erfahrung der Leere führt? Ein einziges farbiges Körnchen würde die vollkommene Reinheit des Elixiers trüben.« Obwohl er stets gleich hinzufügte, daß dieser Vergleich nur begrenzt anwendbar sei, weil Form und Leere als zwei Aspekte desselben »Nicht-Dinges« nicht zweierlei seien, räumte er ein, daß sie unterhalb einer gewissen hohen Ebene der Erfahrung als zwei verschiedene Dinge wahrgenommen werden: als Aspekt der Leere während der auf einen Punkt gerichteten Meditation, als Aspekt der Vielgestaltigkeit zu den meisten anderen Zeiten, so daß man von der Überfüllung des Geistes mit zuviel Wissen sprechen könne. Und es ist nur allzu wahr, daß ein ausgesprochen intellektuell ausgerichteter Geist oft große Schwierigkeiten hat, zu mystischer Erfahrung zu gelangen.

Die großen Weisen des Taoismus und Buddhismus beklagten einmütig die Hinderlichkeit zu großer Gelehrsamkeit. Hier sind einige Beispiele:

»Der Weise ist nicht gelehrt, der Gelehrte ist nicht weise.«
»Der Erkennende redet nicht. Der Redende erkennt nicht.«
»Wissen, daß man nichts weiß, ist das Höchste.«
»Je mehr die Leute Kunst und Schlauheit pflegen, desto mehr erheben sich Wunderlichkeiten.«
»Wer mit klarem Blick alles durchdringt, der mag wohl ohne Kenntnisse bleiben.« LAO-TSE

»Ihr habt vom Wissen gehört, das weiß, aber nie vom Wissen, das nicht weiß. Schaut in den geschlossenen Raum, die leere Kammer, wo Helligkeit geboren wird! Glück und Segen stellen sich dort ein, wo Stille ist.«
»Weg mit dem Verstand, weg mit dem Geist!«
»Die Welt schätzt Worte und teilt Bücher aus, aber obwohl die Welt ihnen Wert verleiht, halte ich sie dessen nicht für wert.« CHUANG

»Wahrheit ist weder durch Name und Form zu erlangen noch durch Bewußtsein zu verstehen.« SENG CHAO

»Unmittelbar auf den Geist zielend ist meine Lehre einzigartig, ungehindert durch die Lehren des Kanons.«
BODHIDHARMA

»Auf einen Schlag vergaß ich alles, was ich gewußt. Nun bedarf es keines Studiums mehr.« HSIANG-YEN CHIH-HSIEN

»Und abermals fragte Fa Ming: ›Die drei Teile des Mahayana sind alle die Lehre des Buddha. Wenn wir sie lesen, sie rezitieren, das glauben, was sie lehren, und demgemäß handeln, müssen wir dann nicht gewißlich einmal von Angesicht zu Angesicht vor unserer wahren Natur stehen?‹

Darauf erwiderte Hui Hai: ›Dies alles ist wie ein Hund,
der einem Stück Fleisch nachjagt, oder ein Löwe, der einen
Menschen verschlingt. Die drei Teile des Mahayana-Ka-
nons offenbaren die Funktion der Natur des Selbst – sie
zu lesen und zu rezitieren, sind nur Erscheinungen, die die-
ser Natur entspringen.‹« HUI HAI

»Laß nur ab vom Irrweg intellektuellen oder begrifflichen
Denkens, und deine Natur wird in ihrer ursprünglichen
Reinheit existieren.«
»Breite nur ein Netz aus,
Um ganz flach zu liegen.
Ist erst das Denken, einem Kranken gleich,
An ein Bett gefesselt,
So hört alles Karma auf
Und aller Trug verblaßt
– DAS ist das Bodhi!« HUANG PO

Pietisten, die der Auffassung sind, daß das Studium der
Schriften die Grundlage jeder Entwicklung zum Guten sei,
und Gelehrte, die im Wissenserwerb den Weg zur Weisheit
sehen, haben genau wie alle diejenigen, die sich Erlösung
von guten Taten erhoffen, im allgemeinen keine mystischen
Neigungen. Dennoch hat es in China buddhistische Mönche
und Laien gegeben, die der Gelehrsamkeit großen Wert
beimaßen, da sie die Überzeugung hegten, daß umfassende
Kenntnisse der Mahayana-Lehre zwar kein Selbstzweck,
aber doch eine wertvolle Vorbereitung auf die mystische Erfahrung seien. Diese Mystiker-Gelehrten unterschieden sich
von den bilderstürmerischen Feinden jeder Gelehrsamkeit
unter den Taoisten und Ch'an(Zen)-Anhängern hauptsächlich durch ihre verschiedene Auffassung von der Beziehung
zwischen der Gelehrsamkeit und dem intuitiven Fort-

schritt. Die Gelehrten sahen eine solide Grundlage für mystische Intuition im verstandesmäßigen Erfassen so schwieriger Begriffe wie der Leere (*Sunyata*), der gegenseitigen Durchdringung der beiden Ebenen der Wahrheit (absolute und relative), der illusorischen Natur des Ich, der Identität der Gegensätze und so weiter. Hingegen galt den Taoisten und den Ch'an(Zen)-Anhängern dies alles nicht nur als bloße Zeitverschwendung, sondern sogar als blanke Torheit, weil der Versuch, das Große Geheimnis in *Begriffe* zu fassen, der sicherste Weg sei, intuitive Selbstverwirklichung zu verhindern.

Die Mystiker-Gelehrten fanden sich hauptsächlich unter den Anhängern dreier Sekten – T'ien-t'ai (nach dem Gebirge dieses Namens), Hua-yen (nach dem Namen eines bedeutenden Sutras) und Wei-shih (was soviel wie »Nichts als Bewußtsein« bedeutet, woraus sich »Reines Bewußtsein« herleitet). Zu meiner Zeit führten diese Sekten kaum ein nennenswertes Eigendasein mehr, aber ihre Lehren wurden noch von einzelnen Mönchen, die anderen Sekten angehörten, sowie von gelehrten Laien studiert. Da ich von keinem Anhänger dieser Lehren direkt unterwiesen wurde, kann ich nur eine dürftige Vorstellung von ihnen vermitteln, aber es ginge nicht an, sie in einem Werk über chinesische Mystik ganz außer acht zu lassen.

Die T'ien-t'ai-Sekte (japanisch: Tendai) war in mancherlei Hinsicht dem Ch'an(Zen)-Buddhismus eng verwandt und wird ausführlicher im Zusammenhang mit dem Pfad der Meditation behandelt werden. Ihr vierter Patriarch, Chih-k'ai (sechstes Jahrhundert n. Chr.) war selbst Ch'an-Anhänger, widersetzte sich jedoch der in dieser Sekte herrschenden Tendenz, Buchwissen als unnütz abzutun und Äußerlichkeiten zu verwerfen, die ihm von Bedeutung schienen. Auf ihn gehen die eigentlichen T'ien-t'ai-Lehren zurück. Neben zahlreichen Abhandlungen verfaßte er eine eingehende Studie über den Mahayana-Kanon, insbesondere über die Werke Nagarjunas und das Sutra, das als »Der Lotos des Wahren Gesetzes« bekannt ist. Aufgrund seiner Studien kam er zu der Überzeugung, daß kein grundlegender Widerspruch zwischen den Lehren der verschiedenen Mahayana-Sekten und auch nicht zwischen dem Mahayana- und dem Theravada-Buddhismus bestehe; vielmehr seien die Lehren nur unterschiedlich formuliert worden, um dem unterschiedlichen Erkenntnisstand verschiedener Schüler gerecht zu werden. Die Sutras oder Predigten des Buddha teilte er in vier Kategorien ein und klassifizierte sie nach ihrer Entstehung in fünf verschiedenen Lebensabschnitten des Buddha. Seine gewissenhafte Gelehrsamkeit stand in Einklang mit der konfuzianischen Tradition, nach der alle hochgebildeten Männer jener Zeit erzogen worden waren. Seine Lehren übten stets eine besondere Anziehungskraft auf die gebildeteren unter den chinesischen Buddhisten aus, von denen einige die Ansicht vertraten, daß es keinen wesensmäßigen Unterschied zwischen dem gelehrten und dem intuitiven Weg zur höchsten Erkenntnis gebe. Einer dieser Gelehrten erzählte mir einmal das folgende Gleichnis: Ein Arzt verläßt sich beim Stellen einer Diagnose im allgemeinen nicht nur auf die Beobachtung, sondern auch (zumal dann, wenn er ein Arzt im traditionellen chinesischen Sinne ist) in hohem Grade auf seine Intuition. Um eine richtige Diagnose stellen und seine Intuition richtig deuten zu können, muß er zuvor viele Jahre lang Medizin studiert haben. Ähnliches gilt für das Erlangen mystischer Verwirklichung: Obwohl es sich bei ihr um einen intuitiven Prozeß handelt, der die Abkehr vom begrifflichen Denken voraussetzt, würden die Menschen nicht den Wunsch dazu haben oder nicht wissen, wie sie es anstellen sollen, wenn sie nicht vorher darin unterwiesen würden. Da die unmittelbare Übertragung von Geist zu Geist außergewöhnliche Kräfte erfordert, muß die Unterweisung in den meisten Fällen mündlich, schriftlich oder auf beide Arten geschehen, was wiederum begriffliches Denken bei Schüler wie Lehrer voraussetzt. So hat die Gelehrsamkeit ihre Berechtigung als ein für gewöhnlich unentbehrliches Hilfsmittel zur Weckung der Intuition. Diese Auffassung hat sehr viel für sich. Beispielsweise war die Freude, die ich über den Fortschritt des Ch'an (Zen) im Westen empfand, nicht immer ungetrübt. Allzu viele haben sich im Vertrauen auf das Schlagwort von der »Lehre ohne Worte« nach unzureichender Vorbereitung blindlings in die meditative Praxis gestürzt. Manche ihrer Schriften sind entweder enttäuschend oberflächlich oder gefährlich irreführend. Wie man in China sagt, ist zwar die Weisheit (*prajna*) das höchste Ziel, doch sind zu ihrer Erlangung sowohl Disziplin wie Wissen unerläßlich.

Das Sutra, von dem die Hua-yen-Sekte (japanisch: Kegon) ihren Namen hat, soll der Buddha zwei Wochen nach seiner Erleuchtung vor einer Versammlung von Bodhisattvas und ähnlichen Wesen gepredigt haben, an der keine Menschen teilnahmen. Da er erkannte, daß diese Lehre menschliches Fassungsvermögen überstieg, habe der Buddha später noch andere Reden gehalten, die besser auf ihre geistigen Fähigkeiten abgestimmt waren. Unterdessen wurde das Sutra in einem eisernen Turm unter Verschluß gehalten, den jedoch später Nagarjuna mit Hilfe von sieben Senfkörnern zu öffnen vermochte. In dem Turm fanden sich drei Fassungen. Eine bestand aus unzähligen Versen, eine war von mittlerer Länge, und eine umfaßte lediglich hunderttausend Verse. Nur die letztere wurde fortan verwendet, da die anderen beiden zu schwer verständlich waren. Manche Gelehrten bezeichnen dieses Hua-yen-Sutra als eine relativ späte Schrift, die unter dem Einfluß der im indischen Buddhismus einst vorherrschenden Yogacarya-Schule abgefaßt worden sei. Wie dem auch sei, es befaßt sich jedenfalls mit der Relativität der Erscheinungen und vor allem mit dem Wesen des Urgrunds – dem Buddha-Reich der Unendlichkeit. Von diesem Sutra inspiriert schufen die Gründer der Hua-yen-Sekte, wie Tu Shun, Chih Yen und Fa Tsang (alle siebzehntes Jahrhundert n. Chr.), eine Philosophie, die alle großen Mahayana-Lehren in Einklang brachte. Die Hua-yen-Begriffswelt und die Meditationen, die zu ihr führen, sind von ehrfurchtgebietender Großartigkeit. Wohl keinem anderen System menschlichen Denkens ist es in ähnlich eindrucksvoller Weise gelungen, mit Worten eine Ahnung von der unermeßlichen und vieldimensionalen Natur der Unendlichkeit zu vermitteln, die von den Anhängern der Sekte als der Universale Geist bezeichnet und mit einem »endlos weiten Meeresspiegel« verglichen wird. Beschäftigt man sich lesend oder meditierend mit einzelnen Facetten dieser majestätischen Lehre, überkommt einen leicht ein Schwindelgefühl, als blickte man vom Gipfel eines hohen Berges aus weit über Land. Bei dieser Sekte ist das Studium der schriftlichen Überlieferung mehr als eine bloße Vorbereitung auf intuitive Erkenntnis. Die Metaphorik des Hua-yen-Sutra ist so überwältigend, daß einem daraus jähe und erschreckende Erkenntnisse erwachsen können, die weit über den vordergründigen Gehalt der Worte hinausführen. Hier sind zwei Textpassagen nach der englischen Übersetzung von Garma C. C. Chang, die, obgleich ihnen die Subtilität und Tiefe vieler anderer von ihm übersetzten Passagen fehlen, einen Begriff von der Größe und Rätselhaftigkeit des Universums aus der Sicht der Mahayana-Buddhisten vermitteln:

»O Söhne des Buddha! Wenn ein Mensch Millionen und Billionen von Buddhas Welten (deren jede eine Milliarde Sonnensysteme umfaßt) in Staubkörnchen auflöste, deren jedes abermals ein Weltall darstellt, und wenn er dann abermals diese Welten zu Staub machte und die Gesamtzahl der auf diese Weise erhaltenen Staubkörnchen in der linken Hand hielte und nach Osten ginge; und wenn er dann, nachdem er dieselbe ungeheure Anzahl von Welten passiert hat, ein einzelnes Staubkörnchen fallen ließe und weiter nach Osten ginge und jedesmal, wenn er dieselbe Anzahl von Welten passiert hat, wieder ein Stäubchen fallen ließe und so fort, bis die Staubkörnchen, die er in der Hand hielt, alle verbraucht wären; wenn er dann nach Süden, Norden und Westen in die vier Richtungen und aufwärts und abwärts ginge und wie zuvor Staubkörnchen fallen ließe, o Pao Shou, was glaubst du? Der ganze Raum in den zehn Richtungen all dieser Welten, berührt oder unberührt von seinen Stäubchen, ist dieser Raum eines Buddha-Landes nicht gewaltig, weit und jenseits aller Begriffe?«

»Unauslotbar sind die unzähligen Welten
In der Gesamtheit der Universen.
Viele Welten sind neu oder in Verfall begriffen,
Während viele andere aufhören zu sein.
Wie Blätter in einem Wald,
Manche gedeihen, manche fallen . . .
So wie andere Samen andere Früchte hervorbringen
Oder Magier mit ihrem Zauber Bilder beschwören,
So erschaffen die Lebewesen kraft des (kollektiven) Karmas
Verschiedene Weltsysteme, die unbegreiflich sind.«

Die drei Hauptinhalte der Hua-yen-Lehren sind die Leere, der Nur-Geist und die Gesamtheit. Die erste ist ein wesentlicher Bestandteil jedes Mahayana-Werkes und erleichtert auch das Verständnis vieler taoistischer Werke. Alle Dinge, von Weltsystemen bis hinab zu unseren trügerischen Ichs, müssen als vollkommen leer auf der Ebene der absoluten Wahrheit angesehen werden, wobei ihr formloser Zustand dennoch gleichzeitig mit den vergänglichen Formen besteht, die auf der Ebene relativer Wahrheit wahrgenommen werden. Die Lehre vom Nur-Geist wird (wenngleich nicht mit derselben Klarheit) auch von der Ch'an(Zen)-Sekte vertreten. Die Leere von der Gesamtheit besagt, daß alle Reiche oder Weisen des Seins bei aller scheinbaren Widersprüchlichkeit miteinander bestehen und sich ohne die geringste Behinderung gegenseitig durchdringen. Um der Kaiserin Wu die Bedeutung dieser Lehre nahezubringen, ließ der Meister Fa Tsang eine Buddha-Figur in einem Raum aufstellen, dessen Decke, Fußboden und Wände alle aus Spiegeln bestanden. Natürlich reflektierte jeder dieser Spiegel nicht nur die in der Mitte stehende Buddha-Figur, sondern auch ihre Spiegelungen in allen anderen Spiegeln sowie diese Spiegel selbst, ein anschauliches Gleichnis für die wunderbare und mühelose gegenseitige Durchdringung aller Reiche. Hierauf zog er aus seinem Ärmel eine kleine Kristallkugel hervor, in der sich wiederum dies alles spiegelte. Damit zeigte er, daß das Prinzip der Nicht-Behinderung keine Grenzen hat, da das Kleine das Große genauso harmonisch enthält wie das Große das Kleine.

Die tiefe Bedeutung der Hua-yen-Philosophie läßt sich keinesfalls in ein paar Worten wiedergeben. Begnügen wir uns mit der Feststellung, daß die Hua-yen-Anhänger natürlich Meditation praktizierten, aber von einer Art, die eine gründliche Unterweisung in einer Lehre voraussetzte, die so kompliziert war, daß sie nie besonders populär werden konnte. Die Hua-yen-Lehren wurden deshalb von Gelehrten und erfahrenen Meditierenden anderer Sekten geschätzt, die in der großartigen Metaphorik ihre eigenen intuitiven Erfahrungen bestätigt fanden und sich durch sie zu noch höheren Weisen der Erkenntnis anregen ließen.

Über die Wei-Shih-Tsung-Sekte, die Sekte des Reinen Bewußtseins, weiß ich sehr wenig, außer daß ihre Vertreter öfter Gelehrte als Mystiker waren. Ihre Lehren wurden in China durch den berühmten Mönch und Pilger Tsang (siebentes Jahrhundert n. Chr.) verbreitet, dem Übersetzer (oder, wie manche sagen, Autor) des bedeutenden *Traktats über die Erlangung des Reinen Bewußtseins*. Die Sekte scheint nie viele Anhänger gehabt zu haben, doch lebte in unserem Jahrhundert das Interesse an ihren Lehren wieder auf, vor allem in Kreisen wie denen des Gelehrten und Mönchs T'ai Hsü, der nach Übereinstimmungen zwischen dem Buddhismus und der modernen Naturwissenschaft forschte. Im Unterschied zu den meisten anderen Mahayana-Sekten gehört Wei Shih zur sogenannten *fa-hsiang-(dharmalaksana)-Schule*, die manchmal mit dem philosophischen Realismus gleichgesetzt wird, obwohl »modifizierter Idealismus« eine treffendere Bezeichnung wäre, da sie mit Entschiedenheit den Grundsatz vertritt, daß Materie aus Bewußtsein bestehe. Sie unterscheidet sich insofern vom üblichen Idealismus, als sie Wesenheiten postuliert, sogenannte »Bewußtseinssamen«, die von unendlich mannigfacher Art sind, wobei diejenigen davon, die in unserem Geist gespeichert sind, für unser unterschiedliches Karma verantwortlich sind. Es fällt schwer, sich das Bewußtsein als aus diesen »Monaden« zusammengesetzt vorzustellen, und ich muß mir einen Deutungsversuch versagen. In gewissem Sinne steht diese Lehre in Einklang mit der im Buddhismus weitverbreiteten Vorstellung, daß das Reich der Form aus einer Folge unzähliger Impulse (*dharmas*) besteht, die blitzschnell kommen und gehen. *Dies* ist nun eine Lehre, die ich wenigstens in einem begrenzten Ausmaß verstehe. Als ich es zum ersten und einzigen Mal wagte, eines der Halluzinogene zu probieren, und daraufhin ein Gefühl quälender Spannung empfand, das weit schlimmer war als körperlicher Schmerz, tat ich, was man mir als Rettung aus höchster Bedrängnis empfohlen hatte, mit dem Ergebnis, daß ich in einen Zustand glückseliger Verzückung versetzt wurde, in dem sich mir Wahrheiten unmittelbar offenbarten, die ich bis dahin nur rein verstandesmäßig verstanden und akzeptiert hatte. Nicht nur begriff ich mit vollkommener (wenn auch leider vorübergehender) Klarheit, wie es möglich ist, daß Dinge zugleich eins und vieles sind, ich erlebte auch das Bewußtsein als das Steigen und Fallen einer unendlichen Anzahl aufeinanderfolgender Impulse, die wie jäh zerplatzende Blasen auftauchten und verschwanden. Aber diese rasch verschwindenden *dharmas* kann man sicherlich nicht mit den Bewußtseinssamen der Wei-Shih-Lehre gleichsetzen, denn es ist unmöglich, sich die ersteren als »im Geist gespeichert« vorzustellen.

Weit davon entfernt, Mystiker im landläufigen Sinne zu sein, suchten die Wei-Shih-Anhänger durch eingehende Erforschung der spezifischen Merkmale der Erscheinungen zu der Erkenntnis zu gelangen, daß die Wirklichkeit aus reinem Bewußtsein besteht. Mit den Mahayana-Buddhisten allgemein, und übrigens auch mit den Taoisten, stimmten sie darin überein, daß sie keinen grundlegenden Unterschied zwischen dem Universalen und dem Individuellen anerkannten. Spezifisch für die Wei-Shih-Sekte war die Lehre, daß sich das Bewußtsein in acht Kategorien einteilen läßt, von denen sechs den Wahrnehmungen der fünf Sinne und des Verstandes entsprechen, während die siebte (das Unterscheidungsvermögen) ein Bindeglied zwischen diesen sechs und der achten Kategorie bildet, die als *alaya-vijnana* bezeichnet wird und den Speicher darstellt, aus dem die Bewußtseinssamen austreten – die Wurzel des Bewußtseins und, genaugenommen, das Urbewußtsein selbst.

Der Pfad der Gelehrsamkeit berührt in den Fällen den Pfad des Mystikers, wo die eine oder andere Passage in einem heiligen Text in dem Menschen, der ihn liest oder vernimmt, eine plötzliche Erleuchtung hervorruft, die gänzlich intuitiv ist und ihn dem Reich der Worte und Begriffe weit entrückt. Der berühmteste Fall dieser Art in der Geschichte des chinesischen Buddhismus ist der des Hui Neng, des Sechsten Patriarchen der Ch'an-Sekte, von dem es heißt, er sei zur höchsten Erkenntnis gelangt, als er, vom Brennholzverkauf zurückkehrend, jemanden aus dem Diamant-Sutra rezitieren hörte. Da diese Anekdote schon sehr bekannt ist, möchte ich lieber eine andere von ganz ähnlicher Art wiedergeben, die mir ein alter Mönch erzählte, den ich im Zweiten Weltkrieg auf dem Berg Omei traf. Sie ist ein gutes Beispiel dafür, wie einem, der dem Pfad der Gelehrsamkeit gefolgt war, mystische Erkenntnis unmittelbar zuteil wurde, im Unterschied zu den Fällen, wo Gelehrsamkeit lediglich als Vorbereitung auf mystische Übungen dient. Bevor ich mit der Erzählung beginne, möchte ich noch darauf hinweisen, daß ich solch erstaunliche Vorgänge durchaus für möglich halte. Ich bin überzeugt, daß einem, würde man das Hua-yen-Sutra lesen – zumal bei Kerzenschein an einem einsamen Ort – und sich in seine großartige Bilderwelt vertiefen, unversehens ein tiefgreifendes mystisches Erlebnis zuteil werden könnte! Hier ist nun die Erzählung des alten Mönches:

»In einem kleinen, verfallenen Tempel nicht weit von meinem Geburtsort Wenchou lebte ein Mönch namens Chih Tsang, ein leidenschaftlicher Sucher des Weges. In seiner Jugend war er Konfuzianer gewesen und hatte die erste Stufe der Staatsprüfungen hinter sich gebracht, doch schwer enttäuscht von der Welt des Staubes, hatte er seine Studien aufgegeben, das Angebot einer subalternen Position im Staatsdienst abgelehnt und sich für das Leben eines Einsiedlermönchs entschieden. Als er zum erstenmal in diesen kleinen Tempel kam, geschah dies in der Absicht, seinem Lehrer zu dienen und ihn zu pflegen, einen ehrwürdigen Mönch, der im weiten Umkreis für seine gründliche Kenntnis der Hua-yen-Lehre bekannt war. Doch bald darauf verschied der alte Mann, und Chih Tsang, zu bescheiden, sich selbst einen Schüler zu nehmen, lebte fortan in Einsamkeit. Die Leute aus dem benachbarten Dorf, die seine Frömmigkeit bewunderten und sich Verdienste zu erwerben hofften, indem sie ihn unterstützten, brachten ihm Reis, Öl und Gemüse und gelegentlich Stoff für ein Kleid, störten ihn aber kaum jemals in seiner Abgeschiedenheit.

Da es seine Gepflogenheit war, alles vom Standpunkt des Gelehrten aus zu betrachten, machte Chih Tsang kaum Fortschritte auf dem Weg zur Erkenntnis und gab auch bald die Meditation auf. Da er aber wußte, wie schwer es ist, als menschliches Wesen wiedergeboren zu werden, wohl gar in einem Land, in dem die Lehre des Buddha verkündet wird, sehnte er sich danach, ein gewisses Maß von Erkenntnis noch in diesem Leben zu erlangen. Zu diesem Zweck las er immer wieder das Hua-yen-Sutra und viele gelehrte Traktate über seine tiefere Bedeutung, wobei er ganze Kapitel auswendig lernte, in der Hoffnung, daß die Erkenntnis in seinem Geist aufblühen werde. Als Mann von Bildung fiel es ihm leicht, die philosophischen Aspekte der

Hua-yen-Lehre zu verstehen, so daß er, hätte er das Leben eines *fa-shih* (vollendeten Predigers) gewählt, zweifellos Schüler in großer Zahl gehabt und einen gewissen leeren Ruhm erworben hätte, aber das war nicht seine Art. Wenn er morgens und abends vor dem Buddha niederkniete, pflegte er zu beten: ›Barmherziger Buddha, laß mich nicht als Tier oder hungriger Geist wiedergeboren werden, auch nicht als Mensch, der in einem Land geboren wird, wo der Buddha-Dharma nicht verkündet wird. Mich dürstet nach Erleuchtung, nicht aus Sehnsucht nach Nirwanas Frieden, sondern weil es mich drängt, mitzuwirken an der heiligen Aufgabe, die Lebewesen sicher über den bitteren Ozean des Lebens zu führen. In der Meditation wird mein Geist reizbar, und streunende Gedanken fallen wie ein Schwarm verderblicher Insekten über mich her. Wenn ich aber das Hua-yen-Sutra rezitiere, wird mein Geist klar, und ich freue mich eine Zeit der Tiefe meiner Erkenntnis. Du aber, Barmherziger, hast gelehrt, daß Erkenntnis ohne direkte Wahrnehmung nichts anderes ist als eine Quelle des Stolzes und eine Anhäufung von Bergen des Unrats. Deshalb hilf mir. Schon ein kleiner Strahl direkter Wahrnehmung würde ausreichen, mich mit Freude zu erfüllen.‹

Als Chih Tsang einmal bis spät in die Nacht bei seinen Studien saß, stieß er auf eine wohlbekannte Stelle im Hua-yen-Sutra, wo es heißt, daß der Buddha und die Lebewesen eins sind, weil in Wahrheit nichts anderes existiert als der Geist. Als er über diese Worte nachdachte, wie er es schon oftmals getan hatte, bemühte er sich vergeblich, seine Identität mit allen anderen Wesen zu erfahren. Auf der Ebene des Intellekts gelang ihm dies, aber er *spürte* es nicht in seinem Innersten. Auf einmal vernahm er das Geräusch hastiger Schritte und ein Pochen an der Tür, durch die auch gleich ein junger Mann hereinkam, der in zerfetzte Seidenkleider gehüllt war und nach Wein stank. Dieser junge Mann wußte, daß die Söhne des Buddha (so werden gläubige Buddhisten manchmal genannt) von Natur aus barmherzig sind, und schämte sich nicht einzugestehen, daß die Häscher des Magistrats ihm dicht auf den Fersen waren, weil er im Rausch seinen älteren Bruder erschlagen hatte. Die Tat war im Verlauf eines Streits im Bordellviertel der Bezirkshauptstadt geschehen, die einige Meilen nördlich lag. Nachdem er seine schimpfliche Geschichte hervorgestammelt hatte, bat er den Mönch, ihn zu verstecken, bis seine Verfolger die Suche einstellen würden.

Als ehemaliger Konfuzianer empfand Chih Tsang Abscheu vor diesem jungen Mann, denn der Mord an einem Bruder gilt nach dem konfuzianischen Kodex als ein Verbrechen, das an Schändlichkeit dem Vatermord nur wenig nachsteht. Sein erster Gedanke war, daß er einen Schuft und Taugenichts vor sich habe, dem es nur recht geschähe, wenn ihn die schwerste Strafe ereilte, die das Gesetz für solche Fälle vorsah. Doch in dem Augenblick, da er den Mund auftat, um dem Burschen die Tür zu weisen, hatte er eine Vision: Er kniete mitten auf dem Richtplatz auf der Erde und erwartete jeden Augenblick den Schwertstreich des Scharfrichters. Er erwachte aus dieser momentanen Trance, erfüllt von überwältigendem Mitleid, dessen Vehemenz ihn erschreckte. Es war, wie wenn eine Mutter zusehen müßte, wie ihr einziger Sohn in einen Strudel hinabgerissen wird. Rasch führte er den jungen Mann zu einem sicheren Versteck in einem Schrank, in dem Kniekissen für die Tempelzeremonien aufbewahrt wurden, dann blies er die Kerze aus und ging eilends zu Bett, damit es nachher, wenn die Häscher hereingestürzt kämen, so aussähe, als sei er aus tiefstem Schlaf gerissen worden und wüßte nichts von dem Flüchtigen. So wurde der Übeltäter gerettet.

Von da an empfand Chih Tsang, immer wenn er ein anderes Wesen in Not sah, und mochte es auch nur ein kleines Tier oder ein Insekt sein, denselben unbezwinglichen Drang, es ohne Rücksicht auf sich selbst zu retten, ja er hätte sogar sein Leben geopfert, um seinen Schmerz lindern zu können. Vergebens sagte er sich, daß solch quälendes Mitleid ausschweifend sei. Doch bald schon erkannte er, daß ihm zuteil geworden war, wonach er sich so lange gesehnt hatte. Die Worte des Sutra hatten seinen Geist dergestalt erleuchtet, daß er, ohne die zehn Abschnitte des Pfades zurückzulegen, die Barmherzigkeit eines Bodhisattva erlangt hatte. Eilends setzte er sich auf sein lange Zeit nicht mehr benutztes Meditationskissen, kreuzte die Beine und erreichte augenblicklich das inhaltslose Bewußtsein. Von da an verzichtete er bis zu seinem Tod in einem reifen Alter darauf, die Sutras zu studieren und aufzusagen, und verbrachte all seine Tage in Meditation, worin er eine Verwirklichung nach der anderen erfuhr; denn sein Geist war in einem einzigen Augenblick aus dem eines unwissenden Wesens (*fanfu*) in reines *Bodhicitta* (Geist als Essenz von Weisheit und Barmherzigkeit) verwandelt worden.«

Es gibt viele ähnliche Geschichten von frommen Menschen, die durch eine blitzartige Eingebung, ausgelöst durch das plötzliche Begreifen der geheimen Bedeutung einer Stelle in den Sutras, zur höchsten Erkenntnis gelangten, aber ich weiß von keinem Bericht, nach dem die Erleuchtung auch einmal ausschließlich als Ergebnis des Studiums heiliger Schriften eingetreten wäre. Man kann also höchstens sagen, daß Gelehrsamkeit manchmal günstige Voraussetzungen für eine plötzliche intuitive Erfahrung schaffen kann.

6
Der Weg der Meditation

Reines Land, T'ien-t'ai, Ch'an (Zen) und
Esoterische Sekten

Das Wort »Meditation« wird in der heutigen Welt viel-
fach in der Bedeutung gebraucht, die wir hier meinen – ein
allgemeiner Ausdruck zur Bezeichnung aller Arten von geistigem Yoga mit dem Ziel der Stille, der Befriedung des
Denkens, der Erforschung der wahren Natur des Seins und
des Erreichens der hohen mystischen Erfahrung, worin der
Geist des Individuums mit dem göttlichen Geist vereint
wird, dem Ursprung des Seins. »Meditation« ist jedoch
kein sehr glücklicher Ausdruck, denn in der normalen Um-
gangssprache bedeutet er »Nachdenken über etwas«, und
eben dies darf der Meditierende beim Yoga nicht tun, denn
sein Ziel ist es, über das begriffliche Denken *hinauszugelan-
gen.* Selbst im Chinesischen findet sich nicht so leicht ein
Ausdruck zur zusammenfassenden Bezeichnung all der verschiedenen kontemplativen Praktiken, und viele Chinesen
sprechen deshalb einfach von *ta-tsuo* – Sitzen. Gegen dieses Wort wäre auch nichts einzuwenden, würden die Meditationslehrer nicht immer wieder versichern, daß die
Übung im »Stehen, Gehen, Sitzen oder Liegen« vollzogen
werden kann. Anstatt Wörter und Definitionen zu erör-
tern, sollten wir deshalb lieber eine Geschichte an den Anfang stellen, die veranschaulichen kann, was eigentlich
beim »Meditieren« geschieht.

Im vorkommunistischen China und Tibet gab es viele große Klöster, die für die Strenge ihrer Regeln und die Vortrefflichkeit ihrer Meditationspraxis berühmt waren, aber mir ist es stets leichter gefallen, mit ernsthaften, kontemplativen Menschen in kleinen, abgelegenen Tempeln ins Gespräch zu kommen, wo die Mönche beliebig meditieren konnten, ohne sich an Studienpläne und besondere Regeln halten zu müssen. Manche der kontemplativen Mönche, die ich kennenlernte, waren Exzentriker. So erinnere ich mich an einen, der in einer Höhle lebte und nur mit Gras und Kerzen sein Dasein fristete. Er hatte einmal unter der unwahrscheinlich anmutenden Anschuldigung, kommunistischer Agent zu sein, im Gefängnis gesessen, und hatte den Aufenthalt an diesem unhygienischen, von Ungeziefer verseuchten Ort, wo man ihn fast verhungern ließ, richtiggehend genossen, denn dort konnte er, wie er mir erklärte, »in Ruhe meditieren, unbehelligt von frommen Pilgern mit ihren lästigen Fragen«. Der Meditierende jedoch, der den nachhaltigsten Eindruck auf mich machte, lebte in einem rustikalen Tempel im Innern der Provinz Shantung. Man erreichte den Tempel, der sich an niedrige, fast baumlose Hügel schmiegte, über einen schmalen Weg durch Hirsefelder, die zu dieser Jahreszeit mit ihrem klumpigen, gelben Lehmboden wie eine Wildnis aussahen. Während die Tempelhalle noch Spuren einstiger Pracht erkennen ließ, bestand die Anlage im übrigen nur aus gewöhnlicheren Bauten aus gelben Lehmziegeln, kaum besser als die Behausungen der armen Bauern. Trotzdem hatte man das untrügliche Gefühl, eine geweihte Stätte zu betreten, doch lag dies mehr an dem allgegenwärtigen Duft von Weihrauch.

In diesem Tempel lebten drei Männer – ein älterer

Mönch in geflickten grauen Gewändern, ein Novize, der noch kaum den Kinderschuhen entwachsen war, und noch ein Mönch, der sich gewöhnlich nicht blicken ließ, wenn Besucher kamen. Die beiden, die bei meiner Ankunft herauskamen, um mich willkommen zu heißen, schienen betrübt über den Anblick des »Ozeanteufels«, der da mit Sack und Pack vor ihrer Tür stand und wahrscheinlich eine Einladung erwartete, über Nacht zu bleiben, aber da ich Chinesisch sprach und überdies wußte, wie ein weltlicher Gast sich zu betragen hatte, tauten sie schon bald auf und wurden sehr freundlich. Für die Abendmahlzeit war nichts da außer grobem Hirsebrei. Um es nicht an Gastfreundschaft fehlen zu lassen, übertraten sie deshalb lieber ihre klösterliche Regel, die strikt vegetarische Ernährung vorschrieb, und beschafften sich bei einem Nachbarn ein paar gekochte Eier, die sie mir in einer dicken Soja-Soße vorsetzten. Sie selbst begnügten sich mit ein paar gesalzenen Krautblättern. Dem Hirsebrei mit einem von der Reise geschärften Appetit kräftig zusprechend, leerte ich eine Schale nach der andern, als handelte es sich dabei um die köstlichste Speise, worüber sie sichtlich erfreut waren. Ich bin sicher, daß ich sie erst damit endgültig für mich einnahm und erreichte, daß sie ohne die geringste Scheu mit mir sprachen und lachten. Trotz ihrer bitteren Armut setzten sie ihre Ehre darein, mich zufriedenzustellen, und der Novize klapperte das ganze Dorf ab, um Teeblätter von halbwegs annehmbarer Güte aufzutreiben.

Als ich sie nach ihren Lebensgewohnheiten fragte, sagten sie mir, daß sie jeden Abend sehr früh zu Bett gingen und um Mitternacht aufstünden, um einen besonderen Ritus zu feiern, der so lange andauere, bis es Zeit für den Morgenritus sei, der in fast allen buddhistischen Tempeln Chinas bei Tagesanbruch gehalten wird. Der besondere Ritus bestand darin, daß sie dem Altar zugewandt einen Gesang zu Ehren von Amitabha-Buddha anstimmten, wobei sie sich abwechselnd mit der Stirn auf dem Boden hinknieten, so daß der eine sich erhob, wenn der andere sich auf die Knie niederließ, und ihr Gesang auf diese Weise ununterbrochen andauerte.

»Und das tun Sie *jede* Nacht?« erkundigte ich mich. »Ich dachte, solche Riten würden nur gelegentlich als eine Art Buße vollzogen.«

»Wir tun es für den Ehrwürdigen Sheng Tsang«, erklärte mir der ältliche Mönch. »Letzten Monat wurde er krank, und wir gelobten, sein böses Karma in dieser Weise auf uns zu nehmen, mit dem Erfolg, daß er jetzt wiederhergestellt ist.«

»Der Ehrwürdige Sheng Tsang?«

»Ja, unser Oberster Mönch. Wir werden Sie morgen zu ihm führen. Er kam zu uns aus einem der großen Meditationszentren in Anhui. Er hat jetzt seit drei Jahren ›das Tor verschlossen‹ (*pi kuan*), und es liegen noch immer einige Monate vor ihm. Er bricht nur selten sein Schweigen, wird es aber zu Ehren eines Besuchers aus einem sehr fernen Land vielleicht doch tun.«

Der Ausdruck, den man frei mit »das Tor verschließen« übersetzen kann, bezieht sich auf eine Praxis, die darin besteht, daß man sich mehrere Jahre lang in einen Raum einschließen läßt, um sich ungestört der Meditation widmen zu können. Ein- oder zweimal am Tag werden durch ein kleines Fenster Essen hereingereicht und Abfälle entgegengenommen, doch spricht der Adept nur selten ein Wort mit denen, die ihm diesen Dienst erweisen.

Diese Nacht schlief ich tief und fest, um bei Tagesanbruch vom Dröhnen der riesigen Trommel geweckt zu werden, die den Beginn des Morgenritus verkündet. Nach einem Frühstück, das aus Tee und *o-t'ou* (grobe *kaodliang*-Brote, die im frischen Zustand sehr wohlschmeckend sind) bestand, führte man mich in ein Gebäude, in dem sich ein Vorratsraum befand sowie eine viel kleinere Kammer, deren Tür mit Papier verklebt war. Darauf war ein großes rotes Siegel gedrückt, wie man sie in den Ecken chinesischer Gemälde sieht, nur um ein Vielfaches größer. Ein viereckiges Loch war in die Lehmziegelwand gehauen und mit einem Holzgitter versehen, das mit durchscheinendem Fensterpapier bespannt war. Der Novize stellte sich dicht vor diese Luke und rief mit lauter Stimme: »Ehrwürdiger, ein Teufelsmann ist gekommen.« Das war nicht bös gemeint, denn er war nur ein Bauerntölpel und wußte mich nicht anders zu bezeichnen. An derlei Dinge war ich seit langem gewöhnt und dachte mir nichts mehr dabei, außer wenn jemand solche Worte gebrauchte, der gebildet genug war, was aber selten vorkam.

»Was denn?« ertönte in der Kammer eine Stimme. »Kleines Bohnenkind, du solltest wissen, daß du mich nicht mit solchen Lappalien behelligen darfst. Sage nur mit rechter Inbrunst das Mantra der Großen Barmherzigkeit auf, und die Kreatur wird verschwinden.«

Der Novize schaute betreten drein, grinste aber, als er sah, daß ich lachte. »Ich bin Engländer«, rief ich. »Ein Buddhist. Ich bin gekommen, dem großen Mönch meine Reverenz zu erweisen.«

»Aha!« Das Holzfensterchen wurde von innen abgenommen, und ich sah einen Mönch mittleren Alters, der mit untergeschlagenen Beinen nur etwa einen Fuß von der Öffnung entfernt auf einem Sofa saß. Wie es sich gehörte, warf ich mich dreimal zu Boden, und der kurioserweise »Bohnenkind« geheißene Novize brachte mir unterdessen einen Stuhl. Der Mönch hatte noch nie von westlichen Buddhisten gehört und zeigte sich so wißbegierig, daß ich ihn erst nach geraumer Zeit dazu bringen konnte, von sich selbst zu reden. Aber das schadete nichts. Vielleicht weil er nur selten Besuch hatte, machte er keinerlei Anstalten, die Audienz zu beenden. Als ich hörte, daß er nicht nur seit zweieinhalb Jahren in dieser Kammer eingeschlossen war, sondern auch schon vorher zweimal drei Jahre in ähnlicher Einsamkeit verbracht hatte, ließ ich es mir nicht nehmen, ihn ausführlich über seine Praxis zu befragen.

Als Sproß einer verhältnismäßig wohlhabenden Familie aus der Provinz Shantung war der Ehrwürdige Sheng Tsang mit achtzehn Jahren »aus dem Haus gegangen«, hatte ein zweijähriges Noviziat in dem kleinen Tempel seines Lehrers hinter sich gebracht und dann im Kloster Chieh T'ai Szu bei Peking die Weihen empfangen. Danach war er in ein großes, streng geführtes Kloster in Zentralchina eingetreten, wo man sich auf die Meditationspraxis spezialisiert hatte. Nachdem er mit der Praxis *huat'ou (koan)* der Ch'an-Sekte begonnen hatte, war er später zu der komplizierten T'ien-t'ai-Methode* übergegangen. Zwei Jahre lang hatte er den Rang des Präzeptors innegehabt und in dieser Funktion die jüngeren Mönche in den Meditationstechniken unterwiesen, doch auf die Dauer hatte ihm diese Tätigkeit nicht zugesagt, weil sie ihn vom Wesentlichen ablenkte. So war er vor zwölf Jahren in den Tempel gekommen, in dem ich ihn gefunden hatte. In den Dreijahresperioden, die er in freiwilliger Gefangenschaft verbracht hatte, war sein Tageslauf jeweils der gleiche gewesen. Mir schien eine solche Lebensweise ungeheuer anstrengend zu sein, aber er sah verhältnismäßig gesund aus. Die einzige Krankheit, die er sich in all den Jahren zugezogen hatte,

* Beschreibung folgt unten.

war eine Infektion, die sich im Ort ausgebreitet hatte. Natürlich war er hager und ziemlich blaß, aber das war ja, vor allem auch wegen der dürftigen Kost in dem Tempel, nicht anders zu erwarten. Seine Augen waren übernatürlich hell und klar, und seine Energie und geistige Wachheit beeindruckten mich. Obwohl er nicht besonders gut aussah, besaß er eine Ausstrahlung von Stille und Einfachheit – eine Ausstrahlung, die ich eines Tages als das charakteristische Merkmal von Menschen, die auf dem kontemplativen Weg fortgeschritten waren, erkennen sollte. Nach der Beschreibung, die er mir von seiner Tageseinteilung gab, mußte er insgesamt täglich mindestens sechzehn Stunden in Meditation verbringen, entweder mit untergeschlagenen Beinen sitzend oder in seiner kleinen Zelle langsam auf und ab gehend. Während dieser Zeit, so versicherte er mir, schweiften seine Gedanken keinen Augenblick ab. Vier Stunden in der Nacht und eine Stunde am Nachmittag schlief er im Sitzen mit untergeschlagenen Beinen, so daß er sich also niemals hinlegte, außer wenn er krank war. Wenn man für die zwei bescheidenen Mahlzeiten insgesamt etwa eine halbe Stunde rechnete, blieben noch zweieinhalb Stunden pro Tag, und die verbrachte er entweder damit, daß er immer wieder die Sutras und anderen heiligen Schriften las, etwa ein Dutzend Bände, die er in seiner Zelle hatte, oder damit, daß er eine Andachtsformel für den Bodhisattva Manjusri aufsagte, die Verkörperung der Buddha-Weisheit, die folgenden Wortlaut hat: »Namo Ta-chih Wenshu-se-li P'u-sa Mo-ho-sa!« (Heil dem Allerweisesten Manjusri Bodhisattva Mahasattva!)

Als ich ihm sagte, daß ich ein solches Leben nicht einmal drei Tage lang aushalten würde, lachte er herzlich.

»Aber nein. Das gilt nur für den Anfänger. Das Schlafen im Sitzen gelingt einem nach einiger Übung recht bald.

Gewiß, den Geist niemals ziellos schweifen zu lassen, ist anfangs unmöglich, aber mit der Zeit wird alles leicht. Es ist nur eine Sache der Gewohnheit. Lange andauernde Meditation, so ermüdend sie für den Anfänger sein mag, ist erholsam für diejenigen, die an sie gewöhnt sind. Und beglückend! Sie erfordert keinerlei Anstrengung. Der Geist, der bei keinem Gedanken verharren darf, wird einem Spiegel ähnlich, der die wechselnde Szenerie wiedergibt, aber nichts fixiert, nichts festhält. In früheren Jahren verteilte ich meine Zeit auf drei verschiedene Arten der Meditation – die erste, *samadhi (ting)*, beruht darauf, daß man den Geist auf einen einzigen Gegenstand fixiert, der dann bald in der Ekstase des inhaltslosen Bewußtseins verschwindet. Die zweite besteht in der Durchdringung der Leere der Gegensätze und damit der Leere des Selbst und die dritte in der Kontemplation des Aufsteigens und Versinkens der Gedanken im Geist. Heute mache ich solche Unterscheidungen nicht mehr. Außer wenn ich lese, rezitiere oder schlafe, verharre ich den ganzen Tag in inhaltslosem Bewußtsein. Um mich zurückzurufen, wenn es Zeit für die morgendliche und abendliche Rezitation ist, geht einer der beiden anderen in die Tempelhalle nebenan und schlägt das Becken. Das muß sein, denn man verliert jedes Zeitgefühl.«

Als er nichts mehr sagte, warf ich mich zu Boden und zog mich dann zurück, ganz benommen von der Vorstellung, daß es möglich sein sollte, den Geist viele Stunden lang im Zustand inhaltslosen Bewußtseins zu halten. Bis zum heutigen Tag kann ich mir nicht vorstellen, wie es ist, wenn man länger als eine kurze Weile geistig wach bleibt und dennoch an keinen bestimmen Gegenstand denkt.

In der Theorie wird die Meditation als der innerste Kern der buddhistischen Praxis angesehen, als das einzige Mittel, jene trügerischen Vorstellungen auszuschalten, die zu

»ungeschickten Taten von Körper, Sprache und Geist« führen, wodurch endlose Kettenreaktionen von karmischer Haltung ausgelöst werden. Die Erkenntnis der wahren Natur des Seins setzt eine tiefgreifende Wandlung des Geistes voraus, die mit anderen Mitteln kaum zu erreichen ist. In der Praxis haben auch viele Buddhisten Schwierigkeiten und begnügen sich damit, sich durch vernünftige Selbstbeherrschung und Großzügigkeit gegenüber ihren Mitmenschen eine günstigere Wiedergeburt zu sichern. Aber wenn man nicht an die Existenz einer Vatergottheit glaubt, die belohnen und bestrafen kann, liegt es auf der Hand, daß jedes Wesen für seinen Fortschritt selbst verantwortlich ist, daß sich keiner mit dem Hinweis darauf »durchmogeln« kann, er habe sich nach besten Kräften bemüht, sich richtig zu verhalten. Deshalb ist Meditation, die zur Erleuchtung des Geistes führt, im Buddhismus von zentraler Bedeutung. Selbst das Aufsagen einer heiligen Formel, wie es in der Sekte des Reinen Landes üblich ist, erfordert höchste Konzentration, um wirksam zu sein.

Die herkömmliche Beschreibung des Zustands der Erleuchtung besagt, daß man darin die Leere aller Wesenheiten erfährt, einschließlich des »Selbst« – Leere in dem Sinne, daß diese Wesenheiten vergänglich sind und nur in gegenseitiger Abhängigkeit von allem anderen existieren, so daß sie über kein Eigendasein verfügen. Das mag ein befremdliches, ja beinahe grauenerregendes Ziel sein, aber zahllose Adepten haben bezeugt, daß höchste Glückseligkeit den erwartet, der es erreicht. Es ist nicht die Erfahrung einer Verengung, sondern die einer jähen und wundervollen Vergrößerung, denn der winzige »individuelle Geist« taucht unversehens in die beglückende Erkenntnis seiner Identität mit dem unendlichen göttlichen Geist ein.

Die chinesischen und tibetischen Meditationstechniken

sind zu zahlreich, als daß ich sie hier alle aufführen könnte, doch werden sie von manchen chinesischen Meistern in zwei große Kategorien eingeteilt – *ting* (Konzentration auf einen Punkt) und *kuan* (reflexive Kontemplation). Ich selbst würde es vorziehen, sie wie folgt in sechs Hauptgruppen einzuteilen:

1. Meditation vom Typ des Reinen Landes. Sie führt letztlich zu demselben Erfolg, gleichgültig, ob das Reine Land anfänglich im wörtlichen Sinne als ein Ort verstanden wird, eine Art Paradies, oder als der eigene Geist des Frommen, in jener gereinigten Form, die ihn von der Vorstellung befreit, der Geist sei »sein eigener«.

2. Tantrische Meditation, bei der Eigenschaften des individuellen Geistes und die transzendenten Eigenschaften des göttlichen Geistes anfänglich in Gestalt von gütigen und strafenden Wesen gesehen werden, als besondere Technik zum Erlangen des direkten Bewußtseins von der wahren Natur des Geistes.

3. Reflexive Kontemplation: a) um Abscheu vor der Unzulänglichkeit des samsarischen Lebens zu erregen und so Leidenschaft und übertriebenes Verlangen auszuschalten; b) um sich auf die Erfahrung der Leere vorzubereiten, indem man im Geiste die Gegenstände nach und nach von allen Schichten der Selbstheit befreit, bis man erkennt, daß nichts an ihnen ist, was nicht vergänglich und abhängig wäre; und c) um die Barmherzigkeit zu vertiefen, indem man den Sorgen anderer, individuell und in der Masse, mit Mitleid, ihren Freuden mit einfühlender Fröhlichkeit, ihren Stärken und Schwächen mit Liebe und allen Lebewesen mit unvoreingenommenem Gleichmut begegnet.

4. Den Geist beobachten, das heißt verfolgen, wie abschweifende Gedanken auftauchen und verblassen, und sich dabei nicht an sie hängen, sondern sie gleichmütig vorüberziehen lassen.

5. Das Erlangen des inhaltslosen Bewußtseins, das zu innerer Ruhe führt, zum »Ruhen im Tao«, wofür es mehrere Techniken gibt, beispielsweise die Konzentration auf ein Mantra, auf das Spiel des Atems an den Nüstern, auf die psychischen Zentren des eigenen Körpers usw., oder der Versuch, die Ausrichtung auf einen Punkt direkt zu erreichen.

6. Forschendes Eindringen in die Natur des »Selbst«, manchmal durch die Verwendung eines *hua-t'ou (koan)*, dessen grundlegende Bedeutung in vielen Fällen »Wer bin ich wirklich?« ist, manchmal auch durch andere Mittel.

Bloße intellektuelle Erkenntnis ist nie das Ziel. Am Anfang muß die bewußte Anstrengung stehen; dann aber beginnt etwas anderes (oder nichts) zu wirken, und die Meditation wird völlig passiv. Eigenes Bemühen im Sinne von Anstrengung ist unbedingt zu meiden. Immer höhere Bewußtseinszustände werden erreicht, von einer Art, wie man sie nach dem Studium einer Liste der Methoden nicht einmal ahnen und wie man sie auch nicht beschreiben kann, es sei denn indirekt durch Analogien. Denn hier steht man unmittelbar vor dem Großen Wunder, von dem Lao-tse sprach.

Innerhalb der Ch'an(Zen)-Sekte hat es anhaltende Diskussionen darüber gegeben, ob sich die Verwirklichung des »ursprünglichen Seins« plötzlich oder allmählich vollzieht. Offenbar ist beides richtig. Die Ausweitung und Vertiefung des Bewußtseins ist ein allmählicher Prozeß, der nur selten entbehrlich ist, aber das Erlangen des vollen Bewußtseins, von wo an auch nicht der Schatten einer Sinnestäuschung mehr übrig ist, vollzieht sich blitzartig. Es ist, als hätte man bisher zugesehen, wie die Teile einer Glasmalerei des Universums sich zu immer neuen Kombinationen zusammenfügten wie in einem Kaleidoskop – und auf einmal rückt alles an seinen richtigen Platz, und das Universum wird intuitiv so erfahren, wie es wirklich ist.

Ein wichtiger Punkt, den fast alle Meditationslehrer hervorheben, ist der, daß die Meditation mit Andachtsübungen einhergehen sollte. Im Westen gibt es Leute, die in dem Bemühen, die Fesseln der herkömmlichen Religion abzustreifen, eine hohe Meinung von der Meditation bekommen haben, religiöse Riten jedoch als bloßen Firlefanz abtun, der nur für die Einfältigen tauge. Im Osten sind sich Mahayana- (einschließlich Zen) und Theravada-Buddhisten darin einig, daß es falsch und gefährlich ist, wenn man meditiert, es andererseits aber ablehnt, sich demütig vor dem Dreifachen Kleinod (dem Buddha, der Lehre und der Gemeinde) zu verneigen, Weihrauch zu verbrennen und ähnliche Andachtsübungen abzuhalten. Einer meiner tibetischen Lehrer hat es so ausgedrückt: »Meditation zielt darauf ab, die Vorstellung vom ›Ich‹ zu überwinden. Wenn der Meditierende sich nicht vor seinem Lama und dem Dreifachen Kleinod beugt, werden ihn Überlegungen wie die folgenden heimsuchen: ›Ich habe diesen Fortschritt erzielt. Ich habe diesen oder jenen geistigen Zustand erreicht.‹ Im selben Augenblick, da ein solcher ungeschickter Gedanke in seinem Geist aufblitzt, wird all sein bisheriger Fortschritt zunichte gemacht; das ›Ich‹ wird nicht ausgeschaltet, sondern frohlockt statt dessen über seine vermeintlichen Errungenschaften.«

Dies ist gewiß wahr, denn welches andere Ziel hätte die Meditation als die Erkenntnis der Identität mit dem, was größer ist als das Ich, also dem Tao, dem Buddha-Geist, der Gottheit, wie immer man es nennen will? Verehrung für das Tao und seine Manifestationen ist wesentlich. Man kann nur zwischen diesen beiden Möglichkeiten wählen: Entweder die Meditation wird mit Andachtsübungen kombiniert, so daß beide miteinander verschmelzen, eine Methode, die besonders von tibetischen Lehrern gepflegt wird; oder die Meditation wird zu einer bestimmten Tageszeit, die Andacht zu einer anderen vollzogen, aber beides *regelmäßig* und ohne Unterlaß.

Ebenso ist es nicht möglich, unter gleichzeitigem Verzicht auf andere Arten spiritueller Übungen mit Erfolg Meditation zu treiben. Der Lernende muß sich von allen groben Hindernissen und Verstrickungen lösen und sich eine Disziplin auferlegen, so daß die »Ich«-Illusion schwindet. Die Reinigung besteht darin, daß man sich zu langen Schlafens, zu reichlichen Essens, des Genusses von Betäubungsmitteln usw. enthält, während man seinen Geist nach und nach der sinnlichen Objekte entwöhnt. Außerdem muß ein lebhaftes Empfinden des Mitleids gepflegt werden, das keinen Unterschied zwischen dem »Selbst« und dem »Anderen« macht. Es geht dabei nicht um Moral im herkömmlichen Sinne, denn der Feind, vor dem man auf der Hut sein muß, ist nicht die Sünde, nicht das Verstoßen gegen bestimmte Gebote, sondern alles, was dazu geeignet ist, dem Ichbewußtsein Auftrieb zu geben. Von dieser Warte aus wird es oft möglich sein, einen auf egozentrische Art lebenslustigen Menschen als sehr sympathischen Zeitgenossen zu betrachten, den man um seiner natürlichen Warmherzigkeit willen gern haben kann, anstatt ein böses Wesen in ihm zu sehen. Da jedoch Selbstbeherrschung das A und O erfolgreicher

Meditation ist, wird für einen solchen Menschen noch so langes Meditieren ohne Abkehr von seiner Selbstsucht bestenfalls von geringem Nutzen und schlimmstenfalls völlig vergeblich sein. Gewiß, es kommt einmal der Punkt, an dem alle Gegensätze Illusionen sind, aber solange der Meditierende auf der Ebene der relativen Wahrheit verharrt, sind Gut und Böse, Weise und Töricht durchaus real.

Zur Veranschaulichung dieser Zusammenhänge wird in China oft eine (wahrscheinlich apokryphe) Geschichte erzählt. Ein Abt, den seine halb entrüsteten, halb neidischen Mönche kritisierten, weil er sie wegen ihrer Zügellosigkeit zurechtgewiesen hatte, erwiderte nur: »Meine lieben Schüler, ich erteile euch allen die Erlaubnis, die Regeln dieser Gemeinschaft zu übertreten. Ihr könnt tun und lassen, was ihr wollt, wenn ihr, was hoffentlich der Fall ist, über das Reich der Gegensätze hinausgelangt seid. Bringt mir ein Pfund Nadeln!« Als die Nadeln gebracht wurden, verspeiste er sie mit sichtlichem Behagen und zog sich zurück. Als sich erwies, daß er keinen Schaden davongetragen hatte, bereuten es seine Schüler bitter, einen wahrhaft weisen Mann gerügt zu haben.

Für die Meditation braucht man einen ruhigen Ort, an dem man einigermaßen sicher sein kann, nicht gestört zu werden. Was die Körperhaltung angeht, so wird zwar gelehrt, daß Meditation im Gehen, Stehen, Sitzen oder Liegen ausgeübt werden kann, im allgemeinen wird aber doch dem Lotossitz der Vorzug gegeben. Falls einem das Sitzen mit gekreuzten Beinen und auf den Oberschenkeln ruhenden Füßen, die Sohlen aufwärts gerichtet, zu schwerfällt, ist für den Anfang auch eine Haltung erlaubt, die dem möglichst nahekommt. Außerdem sollte man sich ein Kissen unterlegen, auf das nach Möglichkeit noch ein kleineres gelegt werden sollte, und zwar so, daß das Gesäß leicht angehoben und damit der Druck auf die Beine verringert wird. Die Hände sollten mit den Handflächen nach oben im Schoß ruhen, eine auf der anderen, und die Daumenspitzen sollten sich berühren. Die Augen sollten fast, aber nicht ganz geschlossen, die Lippen leicht geöffnet und die Zunge an die Wurzel der oberen Zähne gelegt werden. Nach den ersten Momenten, in denen man sich bequem zurechtsetzt, muß man sich absolut still halten und langsam, gleichmäßig und vor allem geräuschlos atmen. Mit etwas Übung kann man diese Haltung stundenlang beibehalten. Dem ersten meiner tibetischen Lehrer passierte es sogar einmal, daß er in Meditation verfiel, ehe er die frischen Weizenbrötchen aufgegessen hatte, die man ihm zum Frühstück gebracht hatte, und beim Auftauchen aus dem *samadhi* feststellen mußte, daß die Brötchen Schimmel angesetzt hatten. Ohne jedes Zeitgefühl hatte er mehrere Tage in Meditation verbracht. Für Anfänger werden jedoch kurze Perioden von höchstens einer halben Stunde empfohlen.

Haltungsunterschiede von einer Sekte zur anderen beschränken sich meist auf Nebensächlichkeiten wie die Fragen, welche Hand auf welcher ruhen soll, wie weit die Augen geöffnet werden sollen und welcher Wert dem Lotossitz beizumessen ist, im Unterschied zum halben Lotossitz, bei dem nur ein Bein auf dem anderen ruht, oder zum einfachen Schneidersitz. Meine Lehrer, Taoisten wie Buddhisten, waren in der Frage der Haltung nicht sonderlich penibel; manche Lehrer (zumal in Japan) bestehen jedoch auf dem vollen Lotossitz, selbst wenn der Novize wochen- oder monatelang Schmerzen dabei hat. Der Grund dafür ist, daß man diese Haltung, wenn man sich erst einmal an sie gewöhnt hat, länger beibehalten kann als jede andere; überdies ist sie dem Kreislauf des *ch'i (prana,* kosmische Vitalität) förderlich.

Die vielerlei Voraussetzungen für erfolgreiches Meditieren mögen auf den ersten Blick abschreckend wirken, doch
sollte man nicht vergessen, daß das Ziel des Mystikers weit
über jedem erdenklichen anderen Ziel steht. Der buddhistische Meditierende sehnt sich danach, für würdig befunden zu werden, die zahllosen Wesen zu retten, die, ewig
zwischen Geburt und Tod kreisend, hilflos auf den Wogen
des bitteren Lebensozeans umhergetrieben werden. Großen
Mut muß derjenige besitzen, der sich selbst als eine winzig
kleine, vergängliche und beständig sich wandelnde Wesen-
heit erkannt hat und dennoch den großen Sprung in die
Leere wagt – in das ruhige, stille, glänzende, makellose,
undifferenzierte Reich der Absoluten Realität! In theistischen Begriffen ausgedrückt, nimmt ein solcher Mensch sich
vor, bewußte Einheit mit der Gottheit zu erlangen. Er
strebt danach, über den vertrauten Zustand der Relativität
hinauszugehen und in das Wesen Gottes zu tauchen – kurz,
nichts Geringeres als Gott zu *werden*!

Meditation des Reinen Landes

Aus Gründen, die bereits angedeutet wurden, besitzt diese
Form der Meditation für viele Menschen im Westen keine
große Anziehungskraft. In China hingegen erkennen selbst
die entschiedensten Anhänger der Ch'an-Praxis an, daß die
Meditation des Reinen Landes nicht weniger wirksam ist
als ihre eigene, obwohl sie vorwiegend Menschen mit einem
anderen Temperament anspricht.

Es gibt vor allem in Japan Anhänger des Reinen Landes,
die die Barmherzigkeit des Amitabha Buddha für so wirksam halten, daß alles andere bedeutungslos wird. Nach

einer extremen Auffassung sind Reinheit des Handelns und Mitleid gegenüber anderen Wesen unnötig, da nichts, was ein in dieses dekadente Zeitalter hineingeborener Mensch tun kann, viel an seiner grundlegenden Unzulänglichkeit zu ändern vermag und Amitabhas Gelübde ohnehin in gleichem Maße für Gerechte wie Ungerechte gilt – eine antinomistische Auffassung, die auch in der Geschichte des Christentums ihre Parallelen hat. Die traditionelle Lehre des Reinen Landes, wie sie in China verkündet wird, besagt jedoch, daß Reinheit und Mitleid unbedingt zu der wichtigsten Praxis hinzutreten müssen – der täglich viele tausend Mal mit größter Konzentration wiederholten Anrufung des Amitabha. Darüber hinaus glaubt man, daß die Rezitation noch wirksamer ist, wenn zusätzlich eine bestimmte Art der Meditation regelmäßig ausgeübt wird.

Die Meditation des Reinen Landes erfordert eine innere Vorstellung des Reinen Landes, wie es in den Sutras beschrieben ist, und des Amitabha in der glorreichen Gestalt des Amitayus, zusammen mit den ihn begleitenden Bodhisattvas, insbesondere der Kuan-yin. Die Verbildlichungen, die eines der bedeutenden Sutras vorschreibt, sind über die Maßen ausführlich. Wenn man die Anweisung wörtlich nimmt, muß man sich, um nur ein paar Beispiele zu nennen, ein Halo vorstellen, das die Größe von Billionen Universen hat, worin sich zehntausend Millionen *nayutas* (schon eine *nayuta* ist eine unvorstellbar große Menge) von Buddha-Formen und 84 000 Persönlichkeitsmerkmale des Amitayus finden, von denen wiederum *jede* 84 000 hervorragende Merkmale besitzt, deren jedes 84 000 Lichtstrahlen aussendet! Unter Verbildlichung versteht man eine so lebhafte Vergegenwärtigung einer Szene vor dem inneren Auge, daß man jede Einzelheit bis hin zum letzten farbenfrohen Detail wahrzunehmen meint. In der Praxis begnügt man sich jedoch mit viel einfacheren Verbildlichungen. Recht leicht gelingt es einem mit einiger Übung, sich Kuan-yin als liebreizende Gestalt vorzustellen, die in weiße Gewänder gekleidet ist und auf einem riesigen Lotos mit weit geöffneten rosa Blütenblättern steht. Man könnte dies für schieren Selbstbetrug halten, würden nicht offensichtlich sehr viele Gläubige auf diese Weise das *samadhi* erlangen. Die Form, die man sich vergegenwärtigt, ist letzten Endes nur ein Symbol der inständig ersehnten Reinheit und Stille der Leere – der Höchsten Realität. Wie C. G. Jung nachwies, ist ein Symbol weit mehr als ein bloßes willkürliches *Zeichen*. Vielmehr eignet ihm eine universale Natur von tiefer und bleibender Bedeutung. Da überdies der individuelle Geist und der Buddha-Geist, das heißt, der reine, undifferenzierte Geist, eins sind, sind natürlich auch die »Ich-Kraft« und die »Andere Kraft« ein und dasselbe, und man gelangt durch bildliche Mittel leichter zur Erfahrung ihrer Identität als durch begriffliche Mittel, weil man bei den ersteren nicht durch den Wunsch nach logischer Folgerichtigkeit behindert wird. Meditation geht über das begriffliche Denken hinaus. Die einfachen Menschen, die das Reine Land zunächst als einen außerhalb ihrer selbst liegenden Ort betrachten, und die gebildeteren, die, wie Daisetz T. Suzuki, erkennen, daß »wir das Reine Land hier erfahren« und daß es in Wahrheit der unbehinderte göttliche Geist ist, bilden zwei Gruppen von Meditierenden, die in gleicher Weise zum Erfolg gelangen können. Es ist sogar so, daß geistig weniger Geschulte oft rascher ans Ziel kommen, weil sie nicht so viel intellektuellen Ballast mit sich herumtragen.

Ich erinnere mich, daß ich einmal diese Art der Meditation mit einer alten Chinesin erörterte, die sich mit zwei ebenfalls schon älteren Begleiterinnen in eine kleine Einsiedelei in den Bergen zurückgezogen hatte, um dort in frommer Beschaulichkeit ihren Lebensabend zu verbringen. Die Einsiedelei lag auf der Insel Lantao, Hongkong, an einem Pilgerpfad, der inzwischen zu einer Fahrstraße ausgebaut wurde. Auf ihr erreicht man mit dem Bus das Kloster Pao Lin, das damals noch ein angenehmer, ruhiger Ort war. Dankbar ihren Tee des »Sechsfachen Glücks« trinkend, betrachtete ich eine Dreiergruppe vergoldeter Holzfiguren, Amitabha mit seinen Bodhisattvas, die auf einem Bord der Tür gegenüber standen. Tief beeindruckt von der Schönheit der Bildwerke, wagte ich es, ihr eine Frage zu stellen, woraufhin sie mit ruhiger Selbstsicherheit erklärte, sie sei gewiß, in einer auf einem Edelsteinsee schwimmenden Lotosknospe wiedergeboren zu werden, die sich sogleich öffnen und ihr den Blick freigeben werde auf das ringsumher sich ausbreitende Reine Land. Dann würden Amitabha oder seine geliebte Kuan-yin sie voller Barmherzigkeit in die Wahrheiten der Unbeständigkeit und Ichlosigkeit einführen, bis alles böse Karma aus ihrem bisherigen Leben in Weisheit aufgehen werde, so daß ihr von allen Fesseln befreiter Geist in den Frieden des Nirwana würde eintreten können. Ihrer Ausdrucksweise entnahm ich, daß sie fest daran glaubte, daß sie wunderbare Bäume mit edelsteinbesetzten Früchten und Blättern schauen werde und auch liebreizende Seen und Pavillons, die hellere Strahlen aussenden würden als eine Myriade Sonnen und Monde. Die alte Dame hatte schon vor langer Zeit das Sutra auswendig gelernt, in dem all diese Wunder geschildert werden, und konnte es aus dem Gedächtnis aufsagen. Das war alles sehr rührend, aber da ich der Methode des Reinen Landes noch immer skeptisch gegenüberstand, brachte ich etwa mit folgenden Worten indirekt meine Zweifel zum Ausdruck: »Wie glücklich müssen Sie sein über die Gewißheit, im Reinen Land wiedergeboren zu werden. Sicherlich werden Sie von Buddhisten anderer Sekten beneidet, die alle möglichen Entbehrungen auf sich nehmen, nur in der Hoffnung, sich eine günstige Wiedergeburt zu sichern, jedoch noch innerhalb des bitteren Lebensozeans?«

Sie lächelte freundlich und antwortete: »Nun, ich nehme an, es gibt sehr viel Leute, die so reich sind an Gelehrsamkeit und Verdiensten, daß eine alte Frau wie ich im Vergleich zu ihnen eine recht armselige Figur macht, aber ich tue, was ich kann. Sie dürfen nicht meinen, daß die Wiedergeburt im Reinen Land einem in den Schoß fällt. Buddhas Barmherzigkeit, nicht unser eigenes Verdienst, zieht uns hinüber. Wie aber könnte uns diese Barmherzigkeit erreichen, wenn wir der Selbstsucht verfallen wären? Sie würde keinen Ansatzpunkt finden. Ich hoffe, ihrer teilhaftig zu werden, weil ich seit Jahren kein Fleisch mehr von bedauernswerten Wesen gegessen habe, die zu meinem Behagen getötet worden wären, noch Milch getrunken, die man den Kälbchen stiehlt, die sich daran gütlich tun sollten. Könnten wir uns nicht von schlechten Gedanken, grausamen Worten, Neid und ähnlichen Dingen lösen, so wäre unser Geist so umnebelt, daß wir außerstande wären, Reinheit auch nur zu erkennen. Nur durch Sanftmut und Großzügigkeit können wir jenen alten *mara* (Teufel) bezwingen – das Selbst!«

Dies alles hatte sie in sehr schlichten und offenbar aufrichtigen Worten gesagt. Als ich die Einsiedelei verließ, hatte ich viel Stoff zum Nachdenken; besonders die Redewendung »keinen Ansatzpunkt finden« hatte mich beeindruckt. Ganz offensichtlich war ihre Version der Lehre vom Reinen Land keine mechanische Erlösungslehre. Sie glaubte vielleicht wirklich an die Existenz jener Edelsteinseen und

-bäume, aber nicht weniger real erschien ihr die Notwendigkeit, sich in Selbstdisziplin und Mitleid zu üben, um ihrer einst ansichtig zu werden. Mir wurde klar, daß diese Tugenden sicherlich ihren Geist reinigen und dieselbe auf Ichlosigkeit gerichtete Wirkung ausüben mußten, wie wenn sie zu denen gehört hätte, die eine sehr viel subtilere Vorstellung vom Reinen Land haben.

Jahre nach dieser zufälligen Begegnung lernte ich in Peking einen Mönch kennen, der mir diese Zusammenhänge wie folgt erklärte: »Das Sutra (Wu-Liang Shou Ching), das die Schönheiten des Reinen Landes schildert, spricht in Metaphern. Jede seiner pittoresken Einzelheiten hat eine ganz bestimmte esoterische Bedeutung. Sie sind nicht einfach aus der Luft gegriffen wie etwa der Hintergrund eines Kindermärchens, sondern entsprechen dem, was im Geist des Meditierenden ist oder sein wird. Mein eigener Lehrer erklärte sie gerne eine nach der andern, aber er sagte, daß man diese Dinge eigentlich nicht zu wissen brauchte. Wenn die Meditation über Monate und Jahre hin fortgesetzt wird, offenbaren sie ganz von selbst ihre Bedeutung. Wenn man gleich am Anfang allzuviel zu erklären sucht, würden die Menschen aus lauter Angst vor den zu erwartenden Schwierigkeiten vor dem Meditieren zurückschrecken. Wie schade wäre dies aber und wie schuldig der verantwortliche Lehrer! Bei unserer Meditation des Reinen Landes ist das schlichte Gemüt des Meditierenden kein Hindernis; solange der Gläubige mit ganzem Herzen bei der Sache ist, wird der Erfolg stets derselbe sein, gleichgültig, wie einfältig seine ursprünglichen Vorstellungen waren.«

Die Lehre vom Reinen Land ist auch in Tibet unter denjenigen weit verbreitet, denen die tantrischen Pfade zu steil sind. Da aber in den Sutras unzählige Reine Länder erwähnt werden, sucht man sich oft andere Reiche als das des Amitabha aus, weil sie leichter zu erreichen sind oder schwerer zu erreichen, dafür aber lohnender dank einem kürzeren Weg zur vollen Erleuchtung. Kürzlich berichtete mir eine Frau, sie habe zufällig gehört, wie ein Tibeter die folgende scherzhafte Bemerkung machte: »Also, ich würde mich nicht für Amitabhas Reines Land entscheiden. Dort muß es ja von Chinesen nur so wimmeln!« Das jenseitige Reich, das dem tibetischen Herzen am nächsten steht, ist Taras Potala, das sich aus der See erhebt, ein sicherer Zufluchtsort vor dem Sorgenmeer des Lebens. In Tibet wird Avalokitesvara Bodhisattva (von den Chinesen mit Kuanyin gleichgesetzt) stets in männlicher Gestalt dargestellt, während Tara eine weibliche Emanation ist, »geboren aus einer von Avalokitesvara vergossenen Träne«. Diejenigen, die instinktiv fühlen, daß die Eigenschaft göttlicher Barmherzigkeit am besten durch eine weibliche Gestalt personifiziert wird, werden deshalb natürlich Anhänger der Tara in einer ihrer einundzwanzig Erscheinungsformen. In der spezifisch tantrischen Meditation ist die Verbildlichung jedes Wesens als vom Meditierenden *getrennter* Gegenstand der Verehrung nur für Meditierende auf den untersten Stufen der Erkenntnis erlaubt. Auf den höheren Ebenen ist die verbildlichte Gestalt nicht statisch. Sie verschmilzt letztlich mit dem Meditierenden und beide werden als eins empfunden – im göttlichen Geist aufgegangener individueller Geist.

Ch'an begann mit einem Lächeln. Einmal hielt Sakyamuni Buddha schweigend eine Blume hoch, eine Geste, die nur einer seiner Schüler verstand, Mahakasyapa, der mit einem Lächeln andeutete, daß er begriffen hatte, daß »die Realität nicht sichtbar ist«, sondern sich lautlos von Geist zu Geist überträgt. Später gab er diese Erkenntnis von der Geist-zu-Geist-Übertragung an eine lange Reihe von Patriarchen weiter, bis sie schließlich im sechsten Jahrhundert n. Chr. nach China gelangte. Dort wurde sie als »Lehre ohne Worte« vor allem von jenen geschätzt, die von taoistischen Lehren durchdrungen waren. Sie wurde über eine Reihe von sechs chinesischen Patriarchen weitergegeben, doch dann hörte die patriarchalische Überlieferung auf, und es entstanden mehrere verschiedene Ch'an-Strömungen, von denen einige auch nach Japan gelangten, wo heute mehrere Zen-Untersekten florieren. Obwohl Ch'an in der Lehre nie von der orthodoxen Mahayana-Philosophie abging, verdanken seine charakteristischen Methoden und seine kryptische Ausdrucksweise viel dem Taoismus, dessen Anhänger eine ähnliche Vorliebe für das Paradoxon zeigen. Wie die höheren Stufen des Vajrayana in Tibet ist Ch'an im Grunde genommen eine Lehre des Kurzen Pfades. Obwohl es normalerweise als nahezu unmöglich gilt, innerhalb eines Menschenlebens die Erleuchtung zu erlangen, nehmen sich Ch'an und Vajrayana eben dies vor. Deshalb konzentriert sich das Ch'an, obwohl es Riten und anderen Andachtsübungen längst nicht so ablehnend gegenübersteht, wie zuweilen behauptet wurde, vor allem auf die Meditation – daher der Name, der sowohl im Chinesischen wie im Japanischen soviel wie *dhyana* (Meditation) bedeutet. Durch den Gebrauch von

Paradoxen und Exzentrizitäten soll der Schüler schock-artig dazu gebracht werden, das höchste Wesen als reinen Geist zu erleben – »plötzlich« in dem Sinne, daß zwar Jahre mit der Vorbereitung auf diese intuitive Erfahrung vergehen können, sie aber letztlich wie ein jäh aufblitzender Lichtstrahl über den Meditierenden kommt.

In Japan legt die Rinzai-Schule des Zen großen Wert auf eine Technik, die als *koan* (chinesisch *kung-an* oder *hua-t'ou*) bezeichnet wird. Ein *koan* ist ein Rätsel, das keine logische Lösung hat und den Geist dazu treibt, das begriffliche Denken zu überschreiten. Es kann aus einem Satz bestehen, zum Beispiel: »Was für ein Geräusch gibt es, wenn man mit *einer* Hand klatscht?« oder die Form einer kleinen Geschichte wie der folgenden annehmen: »Jemand fragte: ›Wenn der ganze Leib zerfällt, bleibt etwas ewig Geistiges übrig – was ist es?‹ Hierauf entgegnete der Meister: ›Es ist heute morgen wieder windig‹«

Selbstverständlich gibt es keine *logische* Antwort auf die Frage nach der einen klatschenden Hand, besteht kein *logischer* Zusammenhang zwischen der zweiten Frage und der erteilten Antwort. Obwohl die meisten dieser *koans* aus China stammen, werden vor allem in Japan Hunderte von ihnen systematisch angewandt, jeweils abgestimmt auf den Menschen, den Zeitpunkt und die Umstände. In chine-sischen Klöstern ist man der Ansicht, daß der Gebrauch einer Vielzahl verschiedener *koans* und die Wertschätzung dieser Methode sich als weitere Hindernisse für die Er-leuchtung erweisen können. Dort wurden nur zwei häufig angewandt, nämlich entweder: »Wer verehrt den Bud-dha?« will sagen: »Wer bin ich wirklich?« oder: »Was war mein Gesicht, bevor mein Vater und meine Mutter geboren wurden?« was im wesentlichen dasselbe bedeutet. Solche Fragen kann man entweder ganz unvermittelt an einen

Schüler richten, der antworten muß, ehe er Zeit zum Nachdenken findet, oder man kann in langen Stunden der Meditation Tag und Nacht über sie nachdenken. Manchmal
arbeitet der Lehrer mit Schlägen, Schreien oder jähen un-
motivierten Lachausbrüchen, um dem Schüler die Bedeutung klarzumachen und eine plötzliche Erleuchtung her-
beizuführen.

Das verbreitete Interesse, das Ch'an (Zen) seit einiger
Zeit im Westen findet, ist zum großen Teil auf die Anziehungskraft solcher unkonventionellen »Schocktherapien«
sowie auf die scheinbare Bilderstürmerei der Sekte zurückzuführen. So rief beispielsweise der Meister Hui Hai (ohne
die geringste Absicht, den Buddha herabzusetzen) einmal
aus: »Der Weise sucht vom Geist, nicht vom Buddha; der
Narr sucht vom Buddha, nicht vom Geist!«

Ein weiteres Beispiel ist die Anekdote, die einem Mönch
Beifall zollt, der in einer kalten Winternacht eine hölzerne
Buddhafigur zu Brennholz zerhackte. *Koans* und unbe-
greifliche Verhaltensweisen sind jedoch nicht unbedingt
wesentliche Bestandteile des Ch'an. Manche Schulen ver-
zichten ganz auf sie. Der Kern der Lehre ist, daß der Geist
der Schlüssel zur Erleuchtung ist. Solange der Geist eines
Menschen Selbsttäuschungen unterworfen ist, schmiedet er
unausgesetzt immer neue Ketten des Karmas. Der Eine
Geist, der auch als Buddha-Geist bezeichnet wird, ist ein im
Ch'an (Zen) gebräuchliches Synonym für das Tao; in der
Meditation muß man diesen Einen Geist erfassen und seine
Identität mit dem, was meditiert, erkennen. Der Geist ist
die Wurzel. Die Betrachtung unserer ursprünglichen Natur
(des Einen Geistes) ist das Kernstück der Praxis. Meister
Hui Hai hat es einmal so ausgedrückt:

F: Worauf sollte sich der Geist konzentrieren, um dabei zu verharren?

A: Er sollte sich auf das Nicht-Verharren konzentrieren und dabei verharren.

F: Was ist dieses Nicht-Verharren?

A: Es bedeutet, daß dem Geist nicht gestattet wird, bei irgend etwas zu verharren.

F: Und was bedeutet dies?

A: Bei nichts verharren bedeutet, daß der Geist nicht auf Gut oder Böse, Sein oder Nicht-Sein, Innen oder Außen oder einen Ort irgendwo in der Mitte zwischen beiden, auf Leere oder Nicht-Leere, Konzentration oder Zerstreuung fixiert ist. Dieses bei nichts Verharren ist der Zustand, in dem der Geist verharren sollte. Von denen, die ihn erreicht haben, sagt man, sie hätten den nicht-verharrenden Geist – mit anderen Worten, sie haben den Buddha-Geist!

F: Wie ist der Geist beschaffen?

A: Der Geist hat keine Farbe, wie Grün oder Gelb, Rot oder Weiß; er ist nicht lang oder kurz; er verschwindet nicht oder taucht auf; er ist gleichermaßen frei von Reinheit wie Unreinheit; und seine Dauer ist ewig. Er ist äußerste Stille. Dies also ist die Form und Gestalt unseres ursprünglichen Geistes, der auch unser ursprünglicher Leib ist – der Buddha-Leib!

Ch'an-Meditation setzt die völlige Abkehr von allen dualistischen Begriffen voraus, so daß alle Gegensatzpaare als nichtig erkannt werden. Demnach darf sich nicht der Gedanke einschleichen: »Jetzt verstehe *ich*, daß alle Gegensätze nichtig sind, und deshalb habe *ich* mich von ihnen gelöst«, denn »ich« und »sich lösen« sind ja Gegensätze von »ein anderer« und »dabei bleiben«. Der Geist muß wie ein großer Spiegel gebraucht werden, der die fortlaufend

wechselnde Szene, die sich vor ihm abspielt, völlig unbeteiligt reflektiert. Wiewohl nicht blind für Gut und Böse, darf
man für keines von beiden Liebe oder Abneigung empfinden. Der Geist muß unbeeinflußt bleiben vom Entstehen
und Vergehen der Umweltformen, so daß er leer und be-
wegungslos bleibt, sich mit den Erfordernissen des Augenblicks befaßt, nur um sich gleich wieder von ihnen zu lösen
– das ist es, was man als »niemals vom Buddha getrennt
sein« bezeichnet. Es ist auch sehr nahe am *wu-wei* der
Taoisten. Dieses Ergebnis wird manchmal leichter erzielt,
wenn ein *koan* angewandt wird, aber das *koan* darf auf
keinen Fall die direkte Wahrnehmung behindern, was zuweilen vorkommt.

In den meisten chinesischen Klöstern, die ich besuchte,
gab es eine Gebetshalle, in der sich die Mönche zweimal
täglich zu den Andachtsübungen versammelten, und dane-
ben eine Meditationshalle, die dem kontemplativen Teil
der Klostergemeinschaft als Wohnraum diente. Bei dieser
Meditationshalle handelte es sich meist um einen quadrati-
schen Raum mit einem achteckigen Schrein (dem Manjusri
Bodhisattva, der Verkörperung der Buddha-Weisheit, geweiht) in der Mitte und einer sehr breiten erhöhten Plattform, die sich an allen vier Wänden entlangzog, jedoch
reichlich Platz rings um den Schrein freiließ. Bei Nacht
schliefen die kontemplativen Mönche Seite an Seite auf
dieser Plattform; bei Tage wurde das Bettzeug zusammen-
gerollt und durch quadratische Kissen ersetzt, auf denen
die Mönche während der Meditationszeiten mit dem Rük-
ken zur Wand im Lotossitz saßen. Im typischen Fall begann eine Meditationszeit mit zehn Minuten Stillsitzen, in
denen es darauf ankam, ziellos schweifende Gedanken zu
verbannen und den Geist still werden zu lassen. Dann auf
einmal *bok*! Auf diesen Ton der Holzfisch-Trommel hin

erhoben sich alle und wandelten um den Schrein, zum Rhythmus dieses *bok-bok-bok,* dessen Tempo sich nach und nach steigerte, bis sie mit rituell eingezogenen Schultern dahinhasteten, ohne jedoch vollends in Laufschritt zu verfallen. B-o-k! Schlagartig blieben alle stehen. *Bok-bok* war das Signal dafür, daß jeder zum nächstliegenden Meditationskissen eilen mußte. Die Mönche nahmen wieder den Lotossitz ein und warteten auf ein einmaliges Klingen vom Silberglöckchen des Präzeptors, und damit begann der intensive Teil der Meditation, es sei denn, der Präzeptor richtete vorher noch ein paar Worte der Unterweisung an die jüngeren Mönche. Danach aber herrschte ungebrochene Stille, und die Meditation dauerte so lange, wie ein langsam brennendes Räucherstäbchen brauchte, um zu verglimmen. Dabei gingen zwei Mönche mit hölzernen Breitschwertern, die beschönigend als »Duftbretter« bezeichnet wurden, im Raum umher und schlugen damit diejenigen auf die Schultern, die einschliefen oder ins Dösen gerieten, und zwar entweder schmerzlos mit der flachen Seite der Klinge, oder, im Wiederholungsfalle, lautlos und schmerzhaft mit der Kante. Wenn der Weihrauch verbrannt war, wurde das Umschreiten des Schreines wiederholt, und dann folgte eine weitere Meditationsrunde. Dieser Wechsel konnte sich noch mehrmals wiederholen, und zu bestimmten Jahreszeiten konnte die ganze Prozedur täglich etwa zwanzig Stunden dauern. Die Mahlzeiten wurden dabei den Mönchen an ihren Sitzplätzen gereicht, und keiner durfte die Halle verlassen, außer während kurzer Pausen zum Urinieren. Dies also war der äußere Ablauf der gemeinschaftlichen Meditation im Ch'an-Stil. Was aber ist über ihren Inhalt zu sagen?

Der Inhalt ist viel schwerer zu beschreiben. Wenn das *hua-t'ou* »Nien Fu shih sei?« (»Wer verehrt den Buddha?«)

verwendet wurde, wäre natürlich die bloße Wiederholung sinnlos gewesen, ebenso aber jeder Versuch, das Problem auf logische Weise zu lösen. Oder besser gesagt, ein Anfänger wandte wahrscheinlich auf den unteren Stufen die logische Deduktion an und versuchte, sich nach und nach von den möglichen Begleiterscheinungen des scheinbaren »Ich« zu lösen – nicht der Körper noch irgendeiner seiner Teile, nicht das Gedächtnis, nicht das Gefühl, nicht die Persönlichkeit und so weiter. »Nicht dies, nicht das, nicht jenes – was denn nun also? Bewußtsein? Aber wer hat dieses Bewußtsein? Ja, *wer* ist denn das, der da bewußt ist? Eine Sackgasse!« Gleichgültig, wie schal das Thema, wie erschöpft Geist und Körper waren, wurde die unermüdliche Suche fortgesetzt. Schließlich dann, wenn alle logischen Möglichkeiten ausgeschaltet waren, trat ein Wandel ein. Der Geist hörte auf, das Rätsel mit logischen Mitteln anzugehen, und die Intuition erwachte. Bis zu diesem Punkt war es, als hätte man ein anderes Wesen, das in einem selbst wohnte, mit Fragen überschüttet, die man immer und immer aufs neue wiederholte – tausendmal, zehntausendmal – wie um den Kerl zur Verzweiflung zu bringen, ihn so weit zu treiben, daß er sich schließlich zu erkennen gab. Mit dem ersten Aufglimmen von Intuition machten dann Ermüdungserscheinungen, Frustration und Langeweile einem angenehmen, aufregenden, ja schließlich sogar zutiefst beglückenden Gefühl Platz. Der Geist, der sich endlich von den Begriffen gelöst hatte, war dann in eine andere Dimension, auf eine andere Ebene des Bewußtseins gelangt. Und wie ging es dann weiter?

Jenseits dieses Punktes liegt das Reich des Unbeschreibbaren. Das Dunkel weicht vor der heraufdämmernden direkten Wahrnehmung der Leere. Begriffe wie »ich« und »das andere« haben ihren Sinn verloren. Man erfühlt eine ungeheure, ungeborene, unendliche Einheit, zuerst vielleicht nur schattenhaft oder mit Unterbrechungen und dann klarer und heller oder aber gleich in strahlender Helligkeit – eine reine Leere, schöner als all die leuchtenden Formen und Farben dieser Welt!

Ich glaube, was die japanischen Zen-Meister *satori* nennen (die Chinesen gehen mit der Entsprechung *chieh-wu* sparsamer um), muß alles umfassen, von einer geringfügigen, plötzlichen Verschiebung des Bewußtseins bis hin zur sogenannten höchsten, unübertroffenen Erleuchtung am Ende einer fortschreitend sich steigernden Reihe von *satoris*. Wenn dies zutrifft, dann darf die Erfahrung der ersten *satoris*, so tief sie einen auch beeindrucken mag, auf keinen Fall mit dieser höchsten Erfahrung gleichgesetzt werden. Die chinesischen Meister scheinen im großen und ganzen weniger der Ansicht zuzuneigen, daß eine ganze Reihe *plötzlicher* Sprünge stattfindet. Es trifft jedoch auch nach ihrer Meinung zu, daß der Adept auf einer relativ frühen Stufe zumindest eine begrenzte intuitive Erfahrung der Leere aller scheinbaren Wesenheiten, einschließlich des sogenannten »Selbst«, erleben kann. Wenn er fortan von Leere, Ichlosigkeit und so weiter spricht, meint er etwas, was er auf einer höheren Ebene des Bewußtseins als der des logischen und begrifflichen Denkens erfahren hat, obwohl er vielleicht immer noch eine Billion Billionen *yojanas* von der höchsten, unübertroffenen Erleuchtung eines Buddhas entfernt ist! Wann genau die Anschauungsweise sich von dem trennt, was bislang verstandesmäßig erfaßt wurde, und in rein intuitive Erfahrung übergeht, ist schwer zu sagen. Man könnte sich vorstellen, daß der Betreffende schon lange vor dem Eintritt der reinen Intuition einen geringeren Grad von *satori* erlangt hat, vor allem wenn er schon Berichte darüber gelesen hat, wie die Entwicklung verläuft. Man sollte deshalb nicht leichtfertig von sich behaupten, man habe *satori* erfahren, und auch solchen Beteuerungen bei anderen mit Skepsis begegnen. Selbst ein Adept, der nur in einem sehr begrenzten Ausmaß der Erleuchtung teilhaftig geworden ist, ganz zu schweigen von wahrhaft Erleuchteten Wesen – Buddhas –, ist sich bewußt, wie nichtig und unangemessen es ist, darüber zu sprechen. Und wenn jemand von sich behauptet, er habe »die Erleuchtung erlangt«, ist die Tatsache, daß er dies behauptet, das sicherste Zeichen dafür, daß er eben nicht erleuchtet ist!

In den letzten Jahren ist ungeheuer viel über die sogenannte »wortlose Lehre« und ihre Praxis geschrieben worden. Dagegen ist zunächst nichts einzuwenden, denn wäre nicht so viel darüber geschrieben worden, hätte die Welt nie von der Existenz dieser Lehre erfahren. Dennoch glaube ich, daß man viel mehr Gewinn daraus ziehen kann, wenn man immer wieder Übersetzungen der Texte echter Ch'an (Zen)-Meister sowie natürlich der wunderbaren Diamant- und Herz-Sutras liest, als aus der Lektüre von Büchern, die über dieses schwierige Thema geschrieben wurden oder in seinem Umkreis entstanden. Da ein erleuchteter Meister keine Möglichkeit hat, auch nur den zehnten Teil seiner *eigenen* direkten Erfahrung in Worten zu beschreiben, wie wenig Brauchbares können dann erst andere darüber sagen! Die folgende Anekdote über Bodhidharma ist des Nachdenkens wert: »Also sprach Bodhidharma zu Hui K'e (seinem Nachfolger als Ch'an-Patriarch): ›Bringe mir deinen Geist und lasse mich ihn befrieden.‹ Darauf erwiderte Hui K'e: ›Ich kann ihn nicht finden.‹ Da verkündete Bodhidharma: ›Ich habe jetzt deinen Geist befriedet.‹« (Ein Geist, der im Nirgendwo der Großen Leere ruht, ist sich natürlich seiner selbst nicht bewußt und deshalb nirgends zu finden. Wie könnte man sonst von ihm sagen, er befände sich im Leeren?)

Unter den mannigfachen Praktiken, die von tibetischen Lamas für die verschiedenen Stufen gelehrt werden, ist auch eine mit dem Namen Mahamudra, die dem Ch'an sehr nahe kommt. Zwar werden keine *koans* verwendet, aber es sind ja auch in China und Japan nur einige Lehrer, die so großen Wert auf die *Koan-Technik* legen. Wenn der tibetische Schüler gelernt hat, seine Konzentration auf einen Punkt zu richten, um seine ziellos schweifenden Gedanken zu bannen, wird ihm die Aufgabe gestellt, seinen ursprünglichen Geist zu suchen. Das geschieht, indem er wie beim Ch'an von rationalen zu intuitiven Prozessen fortschreitet. So gelangt er zur Wahrnehmung der Leere und bleibt unbeteiligt an dem, was um ihn vorgeht, obwohl er sich dessen noch bewußt ist. Ganze Passagen in *The Tibetan Yoga of Knowing the Mind* (Der tibetische Yoga zur Erkenntnis des Geistes), einem der tiefsinnigen Werke, die Evans Wentz herausgegeben hat, lesen sich genau wie die Schriften von Ch'an-Meistern, bis auf ihren Stil, der feierlicher ist. Diese Feierlichkeit wird oft durch die mündliche Unterweisung der Lamas ausgeglichen, die meist humorvoll und voller Paradoxe ist. Das eben erwähnte Werk – es gibt viele seiner Art – beginnt mit einer Huldigung an den Einen Geist, der die Gesamtheit von Samsara und Nirwana umfaßt, und setzt dann diesen Einen Geist mit dem Buddha-Wesen gleich, dem »All-Grund«, einem Synonym für Sunyata, die Leere. Man findet darin auf Schritt und Tritt Aussprüche im Ch'an-Stil, wie etwa: »Die Erkenntnis des Einen Geistes ist die All-Erlösung.« Man könnte dies als direkten chinesischen Einfluß auf den tibetischen Autor dieses Yoga-Buches deuten. Es gibt jedoch im Bereich der Mystik eine große Zahl solcher Entsprechungen, die nicht unbedingt auf wechselseitige Beeinflussung zurückzuführen sind, sondern darauf, daß verschiedene Mystiker auf ihrer Suche nach intuitiver Erkenntnis ähnliche Erfahrungen machen.

Eine weitere und hiervon abweichende tibetische Methode wird in dem Abschnitt über die tantrische Meditation beschrieben, der dieses Kapitel beschließt.

T'ien-t'ai-Meditation

T'ien-t'ai-Schüler sind bei allem Wert, den sie auf das Lernen legen, um sich ein gründliches intellektuelles Verständnis der tiefsinnigen Prinzipien des Dharma anzueignen, sehr entschiedene Anhänger der Meditation, und ihr System wird oft als das am weitesten fortgeschrittene aller chinesischen Systeme betrachtet, oder doch zumindest als das gründlichste. Sie haben sich nie für die Gelehrsamkeit als Selbstzweck ausgesprochen, sondern in ihr immer nur eine wertvolle Meditationshilfe gesehen. Da ich nie einen T'ien-t'ai-Lehrer kennengelernt habe, bot sich mir leider nie die Gelegenheit, dieses System aus erster Hand zu studieren. Aber ich habe über die berühmte *chih-kuan*-Methode einiges gehört und gelesen.

Chih bedeutet soviel wie »innehalten«, also das Beenden des ziellosen Schweifens des Geistes und das daraus folgende Überschreiten des begrifflichen Denkens. *Kuan* bedeutet Bewußtsein, Reflexion, Beobachtung, Selbsterforschung. Es wird gelehrt, daß diejenigen, die für sich allein *chih* pflegen, sich in der Glückseligkeit des *samadhi* verlieren und keine weiteren Fortschritte mehr machen, während *kuan* alleine zu Weisheit führt, aber nicht weiter, weshalb man abwechselnd beides betreiben muß. *Chih* wird durch Methoden vollzogen, die etwa im Zählen der Atemzüge, der Konzentration auf das Spiel der ein- und ausgeatmeten Luft an den Nüstern oder der Konzentration auf einen fixen Punkt wie die Nasenspitze bestehen. *Kuan* besteht darin, daß der Geist sich nach innen kehrt, über die Leere des »Selbst« und anderer Wesenheiten nachdenkt, sich in die Reinheit der undifferenzierten Leere mit dem Ziel versenkt, intuitive Erfahrung von Dingen zu erlangen, von denen man bereits eine gewisse verstandesmäßige Erkenntnis hat. Es wird eine eingehende Unterweisung über die Mittel und Wege zur Wahrnehmung der leeren Natur der verschiedenen Aspekte der Formenwelt gegeben. Wann und wie oft man von *chih* zu *kuan* übergehen sollte und umgekehrt, hängt von den Bedürfnissen des Meditierenden, seinen Neigungen, seiner geistigen Verfassung und ähnlichen Umständen ab. Der Anfänger, der einmal erlebt hat, daß *chih* ihm ein beglückendes Gefühl verschafft, könnte geneigt sein, möglichst lange in diesem Zustand zu verharren. Wenn sein Geist von Natur aus träge ist, wird ihm *chih* leichterfallen als *kuan*. Deshalb muß er sich besonders intensiv mit dem letzteren befassen. Der Intellektuelle wird vor *chih* vielleicht Scheu empfinden oder es verachten, weil er fälschlich davon ausgeht, daß es sich als eine Art fruchtloser Trancezustand erweisen wird, der die Schärfe des Geistes abstumpft. Hingegen wird es ihm vielleicht Spaß machen, die Phänomene, die seinen Geist gefangennehmen, analytisch zu untersuchen. Ein solcher Mensch muß lernen, daß intuitive Weisheit sich nur entfalten kann, wenn der Geist still ist. Bei einiger Übung wird er herausfinden, wie er in der Weise zwischen den beiden Zuständen abwechseln muß, damit er echte Fortschritte macht.

Die Anweisungen für die T'ien-t'ai-Meditation sind oft so eingehend und subtil, daß sie abschreckend wirken. Auch die Bedingungen, die erfüllt werden müssen, sind außerordentlich streng: absoluter Verzicht auf jede weltliche Beschäftigung, zurückgezogenes Leben in einer Höhle oder einer abgelegenen Einsiedelei, sehr strenge Kontrolle von Essen und Schlaf. Geist und Körper müssen gereinigt werden, wobei der Adept seine Unzulänglichkeit als beschämend empfindet und entschlossen ist, sie zu überwinden.

Ich weiß nicht, ob es in Tibet ein Gegenstück zur T'ient'ai-Sekte gibt, aber ihre strengen Regeln erinnern an die Lebensweise tibetischer Kargyupas, von denen der Dichter Milarepa wahrscheinlich im Westen am bekanntesten ist. Kargyupas sind dafür bekannt, daß sie viele Jahre in fast ununterbrochener Meditation verbringen, vorzugsweise in Berghöhlen, sowie überhaupt für ihre spartanische Lebensweise. Es ist keine Seltenheit, daß sie drei Jahre, sieben Jahre oder sogar ihr ganzes Leben in strikter Abgeschiedenheit hausen, wobei sie mit denen, die ihnen das Essen bringen, kein Wort wechseln, und sich aufs kärglichste ernähren, beispielsweise von Brennesseln. Dennoch sind sie, wie der Biographie Milarepas und auch seinen Gedichten zu entnehmen ist, keineswegs Frömmler, sondern fröhliche Menschen, die manchmal einen schalkhaften Humor besitzen. Da nun aber die T'ien-t'ai- und die Kargyupa-Anhänger ein so karges Leben führen und nichts ihnen ferner liegt als Frivolität, woher nehmen sie dann ihre Fröhlichkeit, wenn nicht aus den Erlebnissen und Wahrnehmungen während ihrer Meditation? Ich fühlte mich manchmal abgestoßen von Berichten über das Leben von Männern, die in anderen Teilen der Welt für heilig erachtet werden. Allzu viele von ihnen waren strenge, ja harte Männer, wortkarg und von mürrischer, hochfahrender Gemütsart. Bei chinesischen oder tibetischen Heiligen habe ich nie diese Eigenschaften gefunden, ganz gleich, wie viele Jahre sie in Abgeschiedenheit verbracht oder sich kasteit hatten. Diejenigen, die auf dem Pfad schon weit fortgeschritten sind, zeichnen sich durch sanfte Fröhlichkeit und lächelnde Duldsamkeit aus, eine Ausstrahlung, die einem sogleich die Gewißheit gibt, daß sie eine unerschöpfliche Quelle der Freude in sich selbst entdeckt haben.

Tantrische Meditation

Theorie und Praxis der tantrischen Methoden gehören eigentlich in das nächste Kapitel, aber ich kann in diesem Bericht über den Pfad der Meditation eine der mächtigsten und wirksamsten Meditationstechniken nicht gänzlich unberücksichtigt lassen.

Da die chinesische Esoterische Sekte (Mi Tsung) aus einem Grund, der noch zu erläutern sein wird, schon vor Jahrhunderten unterging, nahm ihren Platz im chinesischen Buddhismus die Vajrayana- (tantrische) Schule ein, deren Lehren lange Zeit von tibetischen und mongolischen Lamas in vielen Teilen Chinas verbreitet wurden. Jeder, der in die Methoden dieses Systems des Kurzen Pfades eingeweiht wird, muß geloben, sie nur unter ganz bestimmten Bedingungen an andere weiterzugeben. Die eine Methode, die ich jetzt kurz umreißen möchte, ist jedoch bereits in mehreren englischsprachigen Werken dargestellt worden – wenn auch leider oft in verzerrter Form. Wenn meine Darstellung etwas dürftig anmutet, oder wenn es den Anschein hat, daß die Methode selbst zu nahe an magischen Praktiken angesiedelt ist, um ernsthaft in Erwägung gezogen zu werden, so liegt das daran, daß sie unserem gewohnten Denken so fremd ist, daß man einer befriedigenden Darstellung ganze Kapitel einführenden Materials voranstellen müßte. Vielleicht tragen die Ausführungen im nächsten Kapitel dazu bei, diese Dinge etwas zu erhellen.

Grundlage der tantrischen Methode ist, daß man mit Verbildlichungen eines geeigneten Wesens anfängt. Körper, Sprache und Geist des Adepten müssen sodann mit Körper, Sprache und Geist dessen, was verbildlicht wird, vereinigt werden. Dann werden Adept und Objekt verschmolzen und schließlich »verbannt«, so daß nichts übrigbleibt als reiner, in Stille verharrender Geist. Das verbildlichte Wesen kann ein Bodhisattva sein, eine Verkörperung irgendeiner Buddha-Eigenschaft, wie man sie in allen Mahayana-Sekten kennt, oder aber eine Verkörperung einer der eigenen Kräfte des Adepten, mit deren Hilfe er versucht, seine Selbsttäuschungen, Leidenschaften und übertriebenen Begierden zu bezwingen. Das erwählte Objekt kann man sich in anmutiger, ruhiger Gestalt oder aber in einer erschreckend wilden und bösartigen Gestalt vorstellen, wenn der Zweck darin besteht, Zorn, Lust und ähnliche Regungen mit denselben Kräften zu bekämpfen, die sie erwecken.

Man beginnt mit Andachtsriten, indem man zuerst den Lehrer, dann den Buddha, Dharma (die Lehre) und Sangha (die Heilige Gemeinschaft) grüßt und Weihrauch, Blumen, Kerzen, reines Wasser und andere symbolische Gegenstände opfert. Als nächstes kommen gewisse einleitende Reflexionen, die darauf abzielen, Reue über vergangenes »ungeschicktes« Betragen, Mitleid mit den zahllosen noch in Selbsttäuschung befangenen Wesen, Dankbarkeit gegenüber den Lehrern des Dharma und einen großen Durst nach rascher Erlösung zu wecken. All diese Übungen wer-

den für geeignet erachtet, den Geist in einen für die Haupt-
übung günstigen Zustand zu versetzen. Das Objekt der
Meditation, ob es nun in angenehmer oder zorniger Gestalt
verbildlicht wird, muß möglichst in allen Einzelheiten vor
dem inneren Auge erscheinen – Farbe, Kleider, Schmuck,
Haltung, Gestik und ähnliche Attribute haben allesamt
eine tiefe symbolische Bedeutung. Anfangs wird das verbildlichte Wesen als bloßes Abbild, wie ein Bild oder eine
Statue, betrachtet. Während jedoch die Kontemplation
weiter fortschreitet, vereinigen sich die Kräfte des Meditierenden – Körper, Geist und Sprache – mit der »Anderen Kraft«, wie sie auf der Ebene relativer Wahrheit genannt wird. Die mit dem inneren Auge geschaute Gestalt
wird jetzt mit geistigen, sprachlichen und körperlichen
Merkmalen ausgestattet. Wenn die Verbildlichung sich auf
Avalokitesvara (die männliche Entsprechung der chinesischen Kuan-yin) konzentriert, *wird* die geschaute Gestalt
jetzt dieser Bodhisattva, der vorläufig noch vom Meditierenden getrennt bleibt. Damit ist das erste Stadium
vollendet, in dessen Verlauf der Adept, wenn er geschickt
ist, Avalokitesvara so deutlich sieht wie die Gegenstände
auf seinem Altar oder die Wände und die Decke des Rau-
mes.

Die zweite Stufe beginnt mit der Vorstellung, daß im
Herzen von Avalokitesvara eine Reihe von *dharani* oder
glänzenden Silben um eine zentrale »Keimsilbe« rotiert, die
den Kern des Wesens dieses Bodhisattvas repräsentiert.
Während die Silben sich drehen, nimmt der Adept sie deutlich wahr und ahmt ihren Klang nach, vielleicht 108- oder
1080- oder 10 800mal.

Auf der dritten Stufe wird der Bodhisattva, eine Gestalt
nicht größer als die Spitze eines menschlichen Daumens,
wahrgenommen, wie er von oben in den Kopf des Adepten

eintritt und in seinem Herzen zur Ruhe kommt, woraufhin der Adept spürt, wie er immer kleiner wird, bis er und der Bodhisattva völlig kongruent, vollkommen vereint, in keinem Sinne mehr getrennt sind. Nach dieser Vereinigung mit Avalokitesvara, der Verkörperung der Buddha-Barmherzigkeit, spürt der Meditierende jetzt die Kraft in sich, Ströme der Barmherzigkeit, die mit tatsächlicher wohltätiger Kraft ausgestattet sind, auf die Lebewesen auszusenden. Als nächstes fühlt der Adept (der zugleich der Bodhisattva ist), wie er sich auflöst, indem seine äußeren Teile sich zur Mitte seines Seins hin zusammenziehen, bis nur noch das Herz übrig ist. Das Herz geht in dem Ring kreisender Silben in seinem Innern auf, die Silben in der Keimsilbe, die sie umgeben, der größte Teil dieser Silbe in ihrem Scheitel, der Scheitel in einem Punkt, der Punkt in der unendlichen Leere, und damit ist das tiefe *samadhi* erreicht.

Wer an weniger vielschichtige Arten der Meditation gewöhnt ist, dem wird diese außerordentlich wirksame Methode vielleicht übertrieben kompliziert vorkommen, und er wird Zweifel darüber empfinden, ob die verbildlichte Gestalt tatsächlich vom Körper, von der Sprache und vom Geist des Bodhisattva erfüllt ist (und dann ihrerseits den Adepten erfüllen kann). Die Methode ist tatsächlich sehr kompliziert, und das Verschmelzen der »Ich-Kraft« mit der »Anderen Kraft« ist natürlich nicht beweisbar, doch besteht nicht der geringste Zweifel, daß diese Praxis als Mittel zum Erlangen des *samadhi* wirklich *funktioniert*! Sie eignet sich gewiß nicht für alle Typen von Meditierenden und kann sich als besonders ungeeignet für diejenigen erweisen, die noch Behinderungen überwinden müssen. Zu diesen gehört hochentwickeltes logisches Denken oder die Unfähigkeit zu erkennen, daß Vorstellung und sogenannte

Realität dem Wesen nach nicht verschieden sind, da beide aus dem Geist geboren sind. Andererseits haben manche, die mit nur geringem Erfolg jahrelang weniger esoterische Methoden gepflegt haben, diese tantrische Art der Meditation als wunderbar wirksam erlebt. Alles hängt von den Anschauungen, der Persönlichkeit und dem Erkenntnisvermögen des Meditierenden ab. Meine Befürchtung, daß meine Darstellung der verschiedenen Formen der Meditation in diesem Kapitel ihnen kaum gerecht wird, gilt in besonderem Maße für die tantrische Methode. Wie sehr wünschte ich mir doch, jede einzelne von ihnen in ihrem ganzen Glanz und ihrer ganzen Wirksamkeit beschreiben zu können!

7
Der Esoterische Weg
Tantrischer Buddhismus

Als ich zum erstenmal aus den »Achtzehn Provinzen«
(China im engeren Sinne) in eines der Grenzgebiete zu
Tibet und der Mongolei kam, war mir, als beträte ich eine
ganz andere Welt. Während im übrigen China fromme
Buddhisten eine relativ kleine Minderheit darstellten,
hätte man in diesen Grenzgebieten kaum einen Menschen
finden können, dessen Leben nicht vom Buddhismus durchdrungen gewesen wäre. Aber wie fremdartig war die Bilderwelt ihrer Tempel! Da fand sich neben Statuen und
Bildern gütiger Buddhas und Bodhisattvas, die in der üblichen Art als stille Wesen von erhabener, überirdischer
Schönheit dargestellt waren, eine überwältigende Fülle
phantastisch bizarrer Figuren – Buddhas und ihre Dakinis
in enger sexueller Umarmung, zornige, rächende Buddhas,
ganz zu schweigen von männlichen und weiblichen Gottheiten höchst sonderbarer Gestalt. Manche hatten nur ein
Auge mitten auf der Stirn, andere tausend Augen, die
einen aus jedem Teil ihrer Anatomie anstarrten, manche
hatten Köpfe, die an Stierköpfe erinnerten, jedoch sehr
farbenprächtig waren, andere wieder waren mit zahllosen
Händen versehen, die schreckliche Waffen umklammerten
oder so grausige Trophäen wie Hirnschalen randvoll mit
Blut und Hirn, Körper, die mit Ketten aus Schädeln oder
frisch vom Rumpf getrennten Menschenköpfen ge-
schmückt waren, oder Füße, die auf Leichenbergen tanzten!
Wie naheliegend wäre es gewesen, nichts als Abscheu vor

diesem höchst realistischen und schreckenerregenden Symbolismus zu empfinden. Eine Zeitlang war ich zutiefst beunruhigt und hätte es nicht geglaubt, wenn mir jemand prophezeit hätte, daß ich mich zu dieser Form des Buddhismus bekennen und eines Tages in diesen scheinbar unheilvollen Wesen die erhabenen und barmherzigen Freunde derer sehen würde, die dem Weg folgen.

Meine erste Begegnung mit der Welt der Lamas, Gebetsflaggen und gigantischen Gebetsmühlen hatte ich im Alter von zweiundzwanzig Jahren während eines langen Sommeraufenthalts auf dem Berg Wu-t'ai nahe der Grenze zwischen Nordchina und der Inneren Mongolei. Ich hätte eigentlich besser vorbereitet sein müssen auf das, was ich dort sah, da ich bereits bis zu einem gewissen Grad in die tiefere Bedeutung des tantrischen Buddhismus eingeweiht worden war, von einem tibetischen Lama, der sich sehr bald nach meiner Ankunft im Fernen Osten einige Wochen in Hongkong aufgehalten und einige meiner chinesischen Freunde in der Vajrayana- (tantrischen) Überlieferung unterwiesen hatte. Doch aufgrund meiner Sprachschwierigkeiten hatte ich nur wenig von dem aufgenommen, was er lehrte – ein unglücklicher Umstand, den der Lama offenbar nicht für gravierend hielt, denn er sagte einmal lächelnd: »Die Samen, die ich in deinen Geist gepflanzt habe, werden Früchte tragen, wenn die Zeit ihrer Reife gekommen ist.«

Der Berg Wu-t'ai war damals ein wahrhaft wundervoller Ort, exotischer, als es sich der Reisende in seinen kühnsten Träumen ausgemalt hätte. Niemals, weder vorher noch nachher, habe ich einen Ort besucht, der sich an Farbenpracht mit diesem Zentrum des Buddhismus hätte messen können, und die Monate, die ich dort verbrachte, gehören zweifellos zu den glücklichsten meines Lebens. Obwohl die weltlichen Behörden mit Chinesen besetzt waren, bestand der größte Teil der Bevölkerung aus mehreren tausend Mongolen (überwiegend Mönche) unter der geistlichen Leitung eines aus Lhasa entsandten hohen klösterlichen Würdenträgers. Auf halber Höhe des Berges breitet sich ein großes grasbewachsenes Plateau aus, von dem fünf einzelne Gipfel aufragen (einige davon 2400 Meter hoch), nach denen der Berg benannt ist: »Fünf-Terrassen-Berg«. Zur Zeit meines Aufenthalts standen dort etwa dreihundert Tempel, größere und kleinere, und über alledem lag noch ein Abglanz der mittelalterlichen Pracht Tibets. Im Sommer war die ganze Szenerie unvorstellbar farbenprächtig, denn die meisten der Tempel mit ihren terrakottafarbenen oder gelben Mauern, den weißen Chorten (Kultschreine) und reichbemalten Bogen und Pforten standen auf dem Plateau, das die in allen Edelsteinfarben funkelnden Blumen in ein einziges Blütenmeer verwandelten. Aber das war noch nicht alles, denn an Festtagen gab es Prozessionen von Würdenträgern in kastanienbraunen und gelben Mönchsgewändern oder prachtvoll bestickten Roben ähnlich denen, die auf dem Höhepunkt kaiserlicher Prachtentfaltung in Peking von den Höflingen in der Verbotenen Stadt getragen wurden.

Farben über Farben, wohin man auch blickte! Mit einem jungen chinesischen Gefährten logierte ich im P'usa Ting, dem Hauptkloster. Das große Gemach, das man uns zugewiesen hatte, mußte man gesehen haben, um es für möglich zu halten. Etwa die halbe Grundfläche wurde von einem breiten Podest eingenommen, das mit kostbaren tibetischen Teppichen ausgelegt und auf drei Seiten von farbenfroh bemalten Wänden umschlossen war. Die andere, mit roten Fliesen belegte Hälfte war mit leuchtend bunt gestrichenen Schränken, Tischen und Stühlen ausgestattet. Ich hatte während des mehrmonatigen Aufenthalts in dieser Umgebung das Gefühl, wie ein Märchenprinz zu leben – ein Gefühl, das ich dank meiner jungen Jahre noch richtig auskosten konnte. Ich nehme an, solch unklösterlicher Luxus war ursprünglich hohen chinesischen und mandschurischen Würdenträgern aus Peking vorbehalten gewesen. Zu der Zeit war jedoch das »Reich des Himmels« längst hinweggefegt worden, und erlauchte Besucher waren so selten geworden, daß gewöhnliche Besucher wie ich diese verschwenderisch ausgestatteten Räumlichkeiten bewohnen durften.

Von einem Tempel zum andern wandernd, des Chinesischen noch nicht hinreichend mächtig, um eingehender Belehrung zugänglich zu sein, versetzte mich die furchteinflößende Ikonographie in immer neuen Schrecken. Vielleicht deshalb, weil der Berg Wu-t'ai mit seinen fünf Gipfeln der Anordnung ähnelt, die den Kern der tantrischen Mandalas bildet:

ist er dem Manjusri Bodhisattva (chinesisch Wen-shu) heilig, der Verkörperung der Buddha-Weisheit, dessen Statue in den meisten dortigen Tempeln an bevorzugtem Ort aufgestellt war. Meist war er auf einem Löwen reitend dargestellt, mit einem Buch (als Symbol für das Buddha-Dharma) in der einen Hand und in der anderen einem erhobenen Schwert, mit dem er die Fesseln der Unwissenheit und Selbsttäuschung durchtrennt. Sein Antlitz war manchmal das eines schönen jungen Mannes, öfter jedoch das eines leicht bärtigen Gelehrten im reifen Alter, und in beiden Formen wirkte er inspirierend. Doch ganz in der Nähe war er jeweils auch in der wilden Gestalt des

Yamantaka, des Todesbezwingers, dargestellt – als blau-
häutiges Monstrum mit zahllosen Gliedmaßen und mehreren Köpfen, von denen einer als gehörnter, zähnefletschen-
der Stierkopf gebildet, und die anderen nicht weniger
bizarr waren, bis auf den winzigen, heiter-erhabenen lächelnden Buddhakopf, der sie alle krönte. An die Brust
gedrückt hielt er ein Messer und eine Hirnschale voller
Blut, und seine vielen anderen Hände hielten die verschiedensten furchteinflößenden Waffen umfaßt. Um den Hals
hingen ihm Ketten aus Menschenköpfen, und mit den Füßen trat er menschliche und tierische Leichen, während
unheimliche Flammen die ganze Gestalt umzüngelten. Bis
auf den einen kleinen Buddhakopf und den heiligen Lotos-
thron unter seinen Füßen erinnerte nichts an den sanft-
mütigen, Gewalt verabscheuenden Buddha mit seiner stillen Weisheit, als deren Verkörperung doch Manjusri (und
daher Yamantaka) galt. Wer Manjusri in solcher Gestalt
dargestellt sah, verstand jene Reisenden, die das, was sie in
Tibet und der Mongolei vorgefunden hatten, als eine
»monströse Travestie des Buddhismus« bezeichneten. Ich
neigte damals zu einem ähnlichen Urteil. Ich verstand noch
sehr wenig von diesen Dingen.

Solche Bildwerke zorniger Gottheiten und die nicht weniger schockierenden Darstellungen von Buddhas und Dakinis in ekstatischer Umarmung waren einige Jahrhunderte
zuvor weitgehend der Grund für das Verschwinden von
Mi Tsung gewesen, der in China entstandenen esoterischen
Sekte, die sich mit tantrischer Praxis befaßte. Es war un-
schwer einzusehen, warum die Chinesen, die dank ihrer
konventionellen konfuzianischen Bildung überempfindlich
und jedem Exzeß abhold gewesen waren, diese Sekte abgelehnt hatten. In der Tat müssen die konfuzianischen
Beamten eine Ikonographie, die die sexuelle Vereinigung

in einem religiösen Zusammenhang darstellte, als im höchsten Grade anstößig empfunden haben. Wie ich erst vor kurzem erfahren habe, hatte offenbar die japanische Shingon-Sekte (ein Ableger der untergegangenen Mi Tsung) zu einer bestimmten Zeit eine ähnliche Ikonographie, obwohl davon heute kaum noch Zeugnisse zu finden sind. Tatsache ist jedenfalls, daß *religiöse* Sexualsymbolik beim durchschnittlichen Chinesen oder Japaner auf ähnliche Ablehnung stößt wie bei einem frommen Puritaner, und es ist deshalb nicht verwunderlich, daß es dem tantrischen Buddhismus im großen und ganzen nicht gelungen war, im chinesischen Kernland und in Japan Wurzel zu fassen (obwohl er in China viele einzelne Anhänger hatte).

Obzwar die mongolischen Lamas und Laien, die ich auf dem Berg Wu-t'ai kennenlernte, überaus freundlich und stets bemüht waren, mir meinen Aufenthalt so angenehm wie möglich zu machen, war es mir eine willkommene Abwechslung, wenn ich ab und zu einen Besuch in Kuan-chi Mou-p'ang machen konnte, einem chinesischen Kloster der näheren Umgebung, dessen Abt, Meister Neng Hai, der mehrere Jahre in Lhasa studiert hatte, die tantrischen Lehren chinesischen Mönchen übermittelte. Da sie der mongolischen und tibetischen Sprache nicht mächtig waren, hatten sie es schwer, den Belehrungen der hiesigen Lamas zu folgen. In diesem Kloster mit seinen vertrauten, grau gekleideten Mönchen, seiner typisch chinesischen Architektur und seinem klösterlichen Leben, das dem in weiten Teilen Chinas sehr ähnlich war, fühlte ich mich sehr viel wohler Außerdem freundete ich mich mit einer Gruppe chinesischer Laien an, die dort logierten. Es waren Besucher wie ich, die vom nächsten per Eisenbahn zu erreichenden Ort in einwöchiger Reise die einsame Straße heraufgezogen waren, die in die Berge führte, teils zu Fuß, teils zu Pferde oder

in Sänften, die von zwei, vorne und hinten an Stangen ange-
schirrten Maultieren getragen wurden. Gläubig, aber dennoch lustig und keineswegs übertrieben frömmlerisch, gebrauchten sie untereinander (und mir gegenüber) die
Anrede Bodhisattva, doch nicht aus der anmaßenden Vorstellung heraus, schon zu den Auserwählten zu zählen. Eine
solche Einstellung ist in buddhistischen Kreisen unbekannt.
Es war nur ein Beweis ihrer Treue zu dem Bodhisattva-
Gelübde, das wir alle abgelegt hatten: nach Erleuchtung
zu streben, nicht um den Frieden im Nirwana zu erlangen,
sondern um anderen Lebewesen zu helfen, sich von den
Fesseln des Samsara zu befreien.

Doch dieses vermeintlich typische Kloster war unge-
wöhnlicher, als es den Anschein hatte. Eines Abends führten mich meine Freunde in einen Raum im Obergeschoß,
wo ich Meister Neng Hai und seine Schüler aufrecht auf
Bodenkissen tibetischer Art sitzend antraf, ganz damit beschäftigt, immer und immer wieder mit heiter-energischer
Stimme eine Mantra aufzusagen: »Yamantaka hum phat!«
Wie eigenartig, wie absolut fremd in dieser chinesischen
Umgebung mutete es an, solches von intelligenten und
gelehrten Männern zu hören, zumal es sich herumsprach,
daß sie jeden Abend mehrere Stunden dieser exotischen
Praxis widmeten!

Es sollten noch etliche Jahre vergehen, bevor ich begriff,
welche Kraft, höhere Bewußtseinszustände (und noch vieles mehr?) hervorzurufen, den Mantras innewohnt, und
bevor ich erfuhr, daß diejenigen, die sie richtig anzuwen-
den wissen, binnen weniger Minuten oder Sekunden erreichen, wofür sonst ununterbrochene Meditation über lange
Zeiträume hinweg erforderlich ist. Damals blieb mir dieses
Erlebnis wie so vieles andere auf dem heiligen Berg ein
unergründliches Geheimnis.

Von meinem langen Aufenthalt auf dem Berg Wu-t'ai nahm ich die unterschiedlichsten Eindrücke mit, von denen einer der stärksten ein Gefühl der Achtung und Zuneigung für die Tibeter und Mongolen war, die ich dort kennengelernt hatte. Ich dachte mir, daß es doch zugunsten religiöser Glaubensvorstellungen spreche, und seien sie noch so unheimlich, wenn sie derart überzeugte Anhänger finden können und die Menschen so sanft und gutmütig machen. In den folgenden Jahren nutzte ich jede Gelegenheit, mehr über diese Form des Buddhismus zu erfahren, anfangs von tibetischen und mongolischen Lamas, die in China lebten, und dann auf Reisen in Gegenden wie Sikkim und tibetischen Enklaven in den Vorgebirgen des Himalaja innerhalb der indischen Grenzen. Dabei kam mir eine Entwicklung sehr zustatten, die für die Tibeter eine Tragödie ohnegleichen war. Das schlimme Schicksal, das ihr Land ereilte, hatte zu einem Exodus gelehrter und frommer Männer geführt, die nun in größerer Zahl zugänglich waren als je zuvor. Daß ich einiges von dem, was ich von ihnen lernte, in dieses Buch aufnehme, das hauptsächlich der chinesischen Mystik gewidmet ist, ist durch den Umstand gerechtfertigt, daß der tantrische Buddhismus tibetischer Provenienz in gewissen buddhistischen Kreisen Chinas seit Jahrhunderten eine wichtige Rolle gespielt hat, wahrscheinlich seit dem Untergang der dort einheimischen Esoterischen Sekte (Mi Tsung). In einer vollständigen Darstellung des chinesischen Buddhismus, so wie er in den Jahren bestand, die ich in diesem Land verbrachte, kann er deshalb nicht unerwähnt bleiben.

Vajrayana, wie der tantrische Buddhismus formell bezeichnet wird, ist vor allem eine Lehre des »Kurzen Pfades«. Sie zielt auf Erleuchtung in diesem Leben ab, stets mit dem Vorsatz, die Aufgabe des Bodhisattvas zu übernehmen, andere Lebewesen von der ewigen Wiedergeburt in Samsaras bitterem Ozean zu befreien. Die Auffassung, daß ein Befreier erst selbst frei sein muß, ist der Grund, weshalb Vajrayana-Anhänger so großen Wert auf wirksame Mittel und Wege zur Erleuchtung innerhalb eines einzigen Menschenlebens legen. Doch gerade wegen ihrer hohen Wirksamkeit sind diese Mittel auch gefährlich. Falsch angewandt, vernichten sie den, der sich ihrer bedienen will, mit derselben unerbittlichen Gewißheit, wie Starkstrom denjenigen vernichtet, der mit ihm umgeht, ohne die nötigen Sicherheitsvorkehrungen zu treffen. Deshalb ist der Weg zum Studium des Vajrayana dornenreich. Wenn man glücklich einen Lehrer gefunden und sein Vertrauen gewonnen hat, unterzieht man sich den mühseligen Yoga-Meditationen und -Übungen, die jeder der aufeinanderfolgenden Einweihungen vorausgehen müssen. Daß solche Einweihungen für notwendig erachtet und mit einem Schleier des Geheimnisses umgeben werden, ist nicht, wie manchmal angenommen wird, auf den Wunsch zurückzuführen, bestimmte Riten, Texte und Symbole geheimzuhalten, die Nicht-Eingeweihte als anstößig empfinden würden. Nicht Prüderie (eine Geisteshaltung, die den Tibetern lächerlich erschiene), sondern die gebotene Vorsicht im Hinblick auf die Anwendung höchst wirksamer und gefährlicher Meditationstechniken ist der Grund.

Im wesentlichen bestehen diese Techniken in der Anwendung der von allen Dingen, guten, bösen und neutralen, erzeugten Energien zur Überwindung von Hindernissen, die einer raschen Erlangung des mystischen Ziels im Wege stehen – Leidenschaft zur Überwindung von Leidenschaft, Begierde zur Überwindung von Begierde und so weiter. Es muß eine radikale Umwandlung böser Neigungen stattfinden, die aber dennoch die Energie, die sie erzeugen, unangetastet läßt, damit sie zur Überwindung von Hindernissen, zur Erlangung der Vereinigung der Gegensätze und damit zur direkten, aus eigener Erfahrung erwachsenden Selbstverwirklichung, in der das Selbst bedeutungslos ist, eingesetzt werden können. Daher die furchterregenden Darstellungen Blut trinkender und auf Leichen tanzender Wesen, denn sie sind nichts anderes als Veräußerlichungen der schrecklichen Kräfte, die zur Selbstüberwindung nötig sind. In der tantrischen Meditation werden sie mit einer solchen Inbrunst verbildlicht, daß sie zu leben anfangen. Jedes Detail hat eine Bedeutung, die nicht nur verstandesmäßig, sondern als Teil einer tiefen intuitiven Erfahrung erfaßt werden muß. Wenn man versucht, das hartnäckige Selbst-Bewußtsein zu überwinden, wird man Schreckgestalten begegnen, wie sie auch der begabteste Bildhauer oder Maler nicht darzustellen vermöchte. Das Ich, obzwar letztlich nur eine Selbsttäuschung, ist genährt worden, indem es in einem Leben nach dem andern seine Ansprüche durchsetzte. Jeder Schlechtigkeit fähig, ausgestattet mit furchtbarer Energie, hat es zehntausend Möglichkeiten, sich an dem zu rächen, der es vernichten will. Wird ein längerer, nur langsam ansteigender Pfad zur Befreiung beschritten, so kann das Ich durch anhaltende Barmherzigkeit, Selbstdisziplin und Selbsterforschung des Geistes nach und nach unterhöhlt werden, wohingegen der Adept des Kurzen Pfades, der es im direkten Angriff auslöschen will, mit unbändiger Energie und unerbittlicher Entschlossenheit gewappnet sein muß. Die vom Rumpf getrennten Köpfe, die Yamantaka um den Hals hängen, die Leichen, auf denen er herumtrampelt, sind die Ich-Aspekte, die der Adept systematisch ausgemerzt hat. Die züngelnden Flammen, seine böse Miene und die schrecklichen Waffen stellen die ungeheure Energie dar, die zur raschen Bezwingung des Ich notwendig ist. Indem man sich seine Gestalt bildlich vorstellt, wird diese Energie zunächst dargestellt und dann aktiviert und unerbittlich gegen die vom Ich erzeugten Leidenschaften und Begierden eingesetzt. Wie das möglich ist, wird einem erst durch die tatsächliche Yoga-Praxis klar. Es wäre sehr schwierig, das mit Worten zu beschreiben.

Der tantrische Yoga setzt auch voraus, daß die männliche und die weibliche Komponente im Wesen des Adepten erkannt wird. Da jeder Mensch einen Körper besitzt, der den Makrokosmos widerspiegelt, enthält er unweigerlich auch diese beiden einander entgegengesetzten Komponenten (eine Erkenntnis, der die *yinyang*-Philosophen voll Rechnung tragen). Ihre Harmonisierung ist ein wichtiger Teil des Pfades zur Selbstverwirklichung. Des weiteren strebt die Praxis, wenngleich auf einer anderen Ebene, nach der Vereinigung von Weisheit (dem Ziel) und Barmherzigkeit (dem Mittel), die in den Ritualen durch den *vajra*-Stab, das Sinnbild der Natur der unwandelbaren Leere und der Mittel zu ihrer Verwirklichung, und die *vajra*-Glocke, das Sinnbild für die höchste intuitive Weisheit des Gläubigen, symbolisiert werden. Die Form dieser Geräte ist von sexueller Bedeutung; sie symbolisieren die vollkommene Vereinigung zwischen Mittel und Ziel. Dieselbe Vorstellung wird auch durch *Yabyum* (Vater-Mutter)-Figuren in geschlechtlicher Vereinigung zum Ausdruck gebracht. Diese Symbolik fanden die Chinesen und Japaner so anstößig, als sie bei ihnen eingeführt wurde – aber ist sie wirklich anstößig? Wenn es um das ungeheure, Leben und Tod überschreitende Unterfangen geht, das Ich zu vernichten und die vollkommene Einheit mit dem Tao, dem Höchsten, zu erreichen, ist da noch Raum für Prüderie? Gibt es denn ein Symbol für das Verschmelzen von Gegensätzen, den Irrtum der Unterscheidung zwischen dem Ich und dem Anderen und die letzte Erfüllung einer großen Sehnsucht, das einprägsamer und angemessener wäre als Gestalten im Augenblick der glückseligen Vereinigung, die die Grenzen des Selbst sprengt?

Diejenigen, die diesen Yoga-Pfad beschreiten wollen, müssen sich ungeheuer umfangreichen und schwierigen Übungen unterziehen. Die Vorbereitung auf die erforderliche Umwandlung des Geistes setzt im allgemeinen voraus, daß mehrere Jahre mit ununterbrochener Meditation in Einsamkeit und Abgeschiedenheit verbracht werden, und eine der spezifischen Yoga-Praktiken, *tummo*, besteht darin, daß man sich splitternackt dem Schnee und Eis des grimmigen tibetischen Winters aussetzt! Das ist kein Pfad für Schwächlinge oder Lüstlinge. Lange Jahre rigoroser Selbstdisziplin müssen vergehen, ehe man die von den Feuern des Zorns, der Gier und der Lust erzeugten Energien zur Unterdrückung dieser Leidenschaften nutzen kann. Selbstverständlich gehen auch in Tibet nur einige wenige diesen mühseligen Pfad.

Die Vorbereitung auf die Erleuchtung hat auch eine sehr anziehende Seite, weil das ganze tantrische Gebäude auf den Zwillingssäulen Weisheit und Barmherzigkeit ruht. Der Adept, so sehr er gehalten ist, Strenge gegen sich selbst zu üben, muß Freundlichkeit, Mitgefühl, Duldsamkeit und Großzügigkeit gegenüber allen Lebewesen walten lassen; von Anfang an meditiert er täglich, um *Bodhicitta* zu entwickeln.

Bodhicitta (Erleuchtete Geistlichkeit) hat zwei Aspekte. In seiner höchsten Form ist es nicht weniger als die Weisheit selbst, die Vereinigung des nunmehr von aller Selbsttäuschung befreiten Geistes des Suchenden mit dem Universalen Geist, der Buddha-Natur, Sunyata! In seinem relativen Aspekt ist es der Geist eines Menschen, der so sehr nach Erleuchtung strebt, daß seine Barmherzigkeit keine Grenzen kennt. *Bodhicitta* zu besitzen, und sei es nur in der gröbsten, am wenigsten entwickelten Form, bedeutet, solch *spontane* Barmherzigkeit zu empfinden, daß alle Wesen gleichermaßen mit derselben liebevollen Sorge umhegt werden wie eine Mutter von ihren ihr herzlich zugetanen Söhnen und Töchtern. Wo auch nur die geringsten Spuren von Voreingenommenheit, Abneigung, Egoismus oder Intoleranz vorhanden sind, hat sich *Bodhicitta* mit Sicherheit noch nicht entwickelt. Es geht hier nicht darum, daß man sich *bemüht*, seinen Nächsten zu lieben. Gemeint ist vielmehr eine *spontane* Zuneigung, die einer höchst erstaunlichen Umwandlung des Geistes des Adepten entspringt. Barmherzigkeit wird als das wesentliche Mittel zur Erlangung der Weisheit betrachtet, weil jeder Gedanke, der in die entgegengesetzte Richtung läuft, die irrige Vorstellung von einem »Ich« im Gegensatz zu den »Anderen« stärkt. In alter Zeit wurde der chinesische Philosoph Mo-tse, der die universale Liebe forderte, verlacht, weil er ein unerreichbares Ideal predige. Ganz recht, ein unerreichbares Ideal! Niemand kann durch Willenskraft dahin gelangen, daß er alle Wesen ohne Unterschied liebt. Es muß eine so vollständige Zertrümmerung des Ich stattfinden, daß unterschiedslose Barmherzigkeit sich ganz von selbst einstellt – obwohl natürlich zunächst einmal der *Wunsch* nach solcher Barmherzigkeit vorhanden sein muß. Der erste Schritt auf dem tantrischen Pfad besteht deshalb darin, daß man den Geist auf *Bodhicitta* konzentriert, es inniger als alle anderen Güter herbeisehnt und fortan soweit wie möglich so handelt, als hätte man bereits *Bodhicitta* erlangt.

Zu den »geschickten« Mitteln (*upaya*), die in der tantrischen Praxis angewandt werden, gehören Mantras (heilige Laute), Mudras (Gesten), die Yogas zur Steuerung von Atem, »Adern« (den psychischen Kanälen des Körpers) und Lebensenergie sowie auch Mandalas. (C. G. Jung hatte erkannt, daß solche Zeichnungen aus dem von ihm so benannten »kollektiven Unbewußten« heraus geschaffen werden.)

Was die Mantras angeht, so läßt sich schwer beschreiben, wie sie wirken – aber wenn sie richtig angewandt werden, *wirken* sie. Es führt zu nichts, wenn man ihre Wirkung beispielsweise mit Vibrationen erklären wollte, denn sie hat nichts mit Physik zu tun. Mantras, mögen sie nun aus einer einzelnen Silbe oder aus vielen bestehen (eines umfaßt einhundertdrei Silben, und es gibt noch viel längere), ergeben keinen verstandesmäßig erfaßbaren Sinn, auch nicht in den Fällen, wo man immerhin einen gewissen verbalen Sinn aus ihnen ableiten könnte. Aber es sind niemals willkürlich erfundene Lautgruppen. Es wäre sinnlos, wollte man sich einfach selbst ein Mantra ausdenken. Andererseits ist aber zu bezweifeln, ob die ganz exakte Aussprache so wichtig ist, wie oft angenommen wird; so wird zum Beispiel das erste aller Mantras im Sanskrit AUM, von den Tibetern UM, in China ANG und von den japanischen Shingon-Anhängern ONG ausgesprochen, was seiner Wirkung offenbar keinen Abbruch tut. Vielleicht kommt es mehr auf Sprechrhythmus und Stimmlage an. Auf alle Fälle wird einem stets gesagt, man solle sie genauso intonieren wie der Lehrer, der sie einem übermittelt. Während ich deshalb die meisten Mantras, die ich gebrauche, nach tibetischer Art ausspreche, habe ich bei einem oder zweien, die ich vor langer Zeit von einem chinesischen Schüler eines auf dem Berg Koya in Japan residierenden Shingon-Meisters gelernt habe, die japanische Shingon-

Aussprache beibehalten. Wenn ich das nicht täte, wäre ich mir ihrer Wirkung nicht mehr sicher.

Mein Unvermögen, die Wirkung der Mantras zu erklären, wird manchen enttäuschen. Man muß sich aber vor Augen halten, daß die Menschen, die sich der tantrischen Methoden bedienen, oft genauso wenig Interesse für ihre Funktionsweise haben, wie sich Benutzer von elektrischen Lampen oder Heizöfen Gedanken über das Wesen der Elektrizität machen. Wichtig ist nur, daß sie funktionieren. Fragen nach dem Wieso und Warum tauchen nur dann auf, wenn man sich vornimmt, derlei Dinge zu erklären. Man wird demütig, wenn man erkennt, wie wenig man überhaupt Dinge erklären kann, die man nicht intellektuell verstehen, sondern direkt erfahren muß. Daß die mantrische Kraft einmal in höherem Ansehen stand als heute, geht aus den vielen Zeugnissen für den einst weitverbreiteten Gebrauch von Mantras hervor. Warum wird im christlichen Gottesdienst das Wort »Amen« unübersetzt in die jeweilige Sprache übernommen, wenn nicht deshalb, weil man annimmt (oder annahm), daß es etwas vermittelt, was über seinen wörtlichen Bedeutungsgehalt hinausweist? Im Zusammenhang mit den Mantras denkt man unwillkürlich an den Beginn des Johannes-Evangeliums: »Im Anfang war das Wort.« Die Überlegung, daß »Wort« eine deutsche Entsprechung für »Logos« ist, hilft uns auch nicht weiter. Zu einem Ergebnis kommt man erst dann, wenn man sich überlegt, warum wohl der »mystischste« unter den vier Evangelisten das »Wort« für den Ursprung der Schöpfung ansah.

Eng verknüpft mit dem mantrischen Prinzip ist die Musik, von der die tantrischen Riten begleitet sind. Gründlich verschieden von Musik im üblichen Sinne, enthält sie Töne, die einen in ehrfürchtiger Scheu an die wildesten Manifestationen der Natur denken lassen – das Grollen des Donners, das Heulen des Windes in hohen Berghöhlen, das Rauschen vom Schnee gespeister Wildbäche, die durch steile Schluchten zu Tal stürzen. Die donnernden Klänge der gigantischen *radang*-Hörner, den durchdringenden Klagelaut der Knochentrompeten, das Dröhnen und Klappern von Trommeln und der Klang riesiger Becken und dazu immer der außerordentlich tiefe »Bauch-Gesang« der Lamas hallten täglich von den Gipfeln und Tälern des Berges Wu-t'ai wider. Ihre feierliche Harmonie beschwor die Unendlichkeit der großen Leere herauf, in der zahllose Universen von der Erschaffung bis zum Untergang ihre Bahn ziehen. Man fühlte sich unwiderstehlich gedrängt, *jetzt* nach Befreiung zu streben – ehe die seltene Gelegenheit abgelöst wird durch ein Äonen währendes Wandern in jenen Bereichen, in die noch nie das »Brüllen des Löwen« (die Stimme des Dharma) gedrungen ist. Für die Lamas schwang im Gesang und in der Musik ihrer Riten stets der Nachhall des Ursprungs und Höhepunkts aller Klänge mit – das heilige Mantra AUM.

Logischer Erklärung noch weniger zugänglich ist die Wissenschaft von den Mudras, den Gesten der Kraft, die aus den tantrischen Riten nicht wegzudenken sind. Doch auch für sie gilt, daß ihre Wirksamkeit früher in größerem Umfang anerkannt war, als es heute der Fall ist. Beispiele dafür sind die segnende Gebärde christlicher Priester und das beinahe universelle Falten oder Aneinanderlegen der Hände im Gebet. Der ikonographische Gebrauch von Mudras zur Identifizierung der dargestellten Buddhas und Gottheiten ist nur eine Randerscheinung. Der tantrische Adept, der seine drei Gaben, Körper, Sprache und Geist, mit den drei Attributen der höchsten Weisheit-Kraft, *Körper, Sprache* und *Geist*, zu vereinen sucht, bedient sich dazu auch drei verschiedener Mittel – Mudras, Mantras und Verbildlichungen. Daß Mudras dem Gläubigen helfen, die ersehnten Bewußtseinszustände zu erreichen, läßt sich vielleicht als Ergebnis eines subjektiven Suggestionsvorgangs erklären. Das gilt jedoch nicht für die anderen physischen Komponenten tantrischer Praxis, die Yogakontrolle von Atem, »Adern« und Lebenskraft, denn diese führt zu Resultaten, die wenigstens sichtbar und meßbar sind. Diese Yoga-Praktiken wären wissenschaftlicher Erforschung zugänglicher als die Mantras und Mudras, wären nicht die Lehrbücher, in denen sowohl physische wie geistige Yogas beschrieben werden, in einer Sprache abgefaßt, zu deren Verständnis man einen Schlüssel braucht. Diesen erhält man nur im mündlichen Umgang zwischen Lehrer und Schüler, was wahrscheinlich darin seinen Grund hat, daß viele von ihnen nur unter erfahrener Anleitung gefahrlos angewandt werden können.

Um die intuitive (im Unterschied zur bloß intellektuellen) Einsicht des Schülers in die theoretischen Grundlagen der tantrischen Yoga- und Meditationspraxis zu fördern, greift man für gewöhnlich auf irgendeine Form von Mandala zurück – ein aus konzentrischen Quadraten und Kreisen aufgebautes, oft sehr kompliziertes und vielschichtiges Bild, in dem jede Einzelheit mit tiefer Bedeutung angefüllt ist. Fast alle Mandalas, so unterschiedlich sie in Form und Komplexität sein mögen, sollen den unendlichen Makrokosmos und sein mikrokosmisches Ebenbild, den Körper des Adepten, darstellen. Gemeinsam ist den meisten von ihnen eine Anordnung, die eine fortschreitende Multiplikation und Spezialisierung der Energien (symbolisiert durch winzige Figuren von Meditations-Buddhas und ähnlichen Figuren oder durch einzelne Silben oder Buchstaben) andeutet, wenn man den Blick vom Mittelpunkt nach außen wandern läßt, und eine fortschreitende Einheit, wenn man sich von außen dem Zentrum nähert. Diese Anordnung hilft dem Gläubigen, die Identität der Vielheit der Formen mit dem undifferenzierten Ursprung zu erkennen. Umgekehrt kann man vom Zentrum ausgehen und die aufeinanderfolgenden Stufen der Differenzierung verfolgen, die schließlich zu einer unendlichen Vielgestaltigkeit führen. Von dem winzigen Kreis in der Mitte, der die reine, undifferenzierte Weisheit-Energie der Leere symbolisiert, die auch als der Eine Geist bezeichnet wird, gehen vier Ströme spezieller Weisheit-Energie aus. Diese teilen und unterteilen sich im Zuge der zunehmenden Differenzierung zum Rand des Mandalas hin. Da dieses Muster als universal gilt, kann das Mandala eine Anzahl verschiedener und doch identischer Prozesse symbolisieren. Zwei der wichtigsten davon sind: das Fortschreiten von der Leere zur Form, das die beiden Aspekte der Realität verbindet, und das Fortschreiten von der Quelle zum Individuellen der Buddha-Weisheit-Energie.

Wenn ein Mandala von einem vollendeten Lehrer richtig erklärt wird, fördert es tatsächlich ein intuitives Erfassen mystischer Wahrheiten, die unweigerlich verzerrt werden, wenn man sie begrifflichem Denken zu unterziehen versucht, was denn auch oft genug geschehen ist. (Wie wirksam das Mandala als Anreger zu intuitiver Erkenntnis ist, geht bis zu einem gewissen Grad aus C. G. Jungs Schriften zu diesem Thema hervor.) Wie Ch'an(Zen)-Schüler wissen, führen verbale Erklärungen der angedeuteten Wahrheiten stets zu einer Verfälschung oder in eine Sackgasse. Das ist der Grund, warum die Zen-Meister mit den schon erwähnten Paradoxen arbeiten, um durch Schockwirkung Intuition im Geist hervorzurufen.

Als Meditationshilfe wird eine bestimmte Art Mandala

etwa wie folgt verwendet: Der Mittelpunkt, oft personifiziert in der Gestalt des Vairocana Buddha, wird als die aus der undifferenzierten Leere strömende höchste Weisheit gesehen. Die vier Ströme spezieller Weisheit, in die sie sich teilt, werden jeweils durch eine entsprechende Buddha-Figur symbolisiert. Aus den vier werden acht, personifiziert durch acht Bodhisattva-Figuren, und der Prozeß setzt sich bis ins Unendliche fort, wobei jede Stufe und jeder Unterstrom der Differenzierung durch eine symbolische Form angedeutet wird, über deren Bedeutung der Adept vorher unterrichtet wurde. Obwohl nun die Bodhisattvas und Nebenfiguren, die weiter weg vom Mittelpunkt stehen, in einem absoluten Sinne leer sind wie alle anderen Erscheinungen auch, repräsentieren sie auf der Ebene der relativen Wahrheit, auf der die Erscheinungen ein Übergangsdasein führen, ungeheuer starke Kräfte, wie Weisheit, Barmherzigkeit, unbeugsame Energie, vollkommene Aktivität und so weiter. In seiner Meditation sucht der Eingeweihte die mystische Vereinigung mit einer dieser Kräfte und gelangt in einem ganz speziellen Sinne dahin, daß er sich die dargestellte Kraft zunutze machen kann. Sollte es ihm gelingen, sich mit Avalokitesvara (Barmherzigkeit) zu identifizieren, wird er in dem Ausmaß, in dem er seinen Geist von karmischen Hindernissen befreit hat, imstande sein, aus dieser unversieglichen Quelle der Barmherzigkeit-Energie zu schöpfen. Das bewirkt, daß seine Gedanken, solange die Vereinigung andauert, tatsächlich die Macht besitzen, Leiden zu lindern. Es ist, als würde eine elektrische Beleuchtungsanlage, die normalerweise von einem kleinen Generator mit Strom versorgt wird, vorübergehend an ein großes Stromnetz angeschlossen.

Die Identifikation des Adepten mit einem solchen Wesen kann noch weiter getrieben werden. Wenn er aus der Meditation auftaucht, braucht er sich nicht loszulösen, sondern kann die mystische Einheit aufrechterhalten, indem er sich das heilige Wesen als in seinem Herzen wohnend vorstellt. Diese tantrische Version des Glaubens »Ich bin Gott« ruft nicht, wie es in letzter Zeit in einigen tragischen Fällen im Westen geschah, den anmaßenden Wunsch in ihm wach, anderen seinen Willen aufzuzwingen oder zu morden und zu vergewaltigen und sich dabei auf die moralische Immunität eines göttlichen Wesens zu berufen, das über dem Gesetz steht. Im Gegenteil, sie führt zu einer beglückenden Loslösung von egozentrischem Denken und Handeln, zu einem Zustand der Selbstlosigkeit, wie er durch andere Mittel kaum zu erreichen ist. Selbst wenn man annimmt, daß dabei nichts anderes als die eigene subjektive Kraft des Adepten beteiligt ist (eine skeptische, doch durchaus verständliche Ansicht), muß eine solche Praxis doch zumindest bewundernswerte Resultate sowohl für den Adepten als auch für die Wesen haben, denen seine Barmherzigkeit zugute kommt.

Ch'an (Zen) gehört ebenfalls zum Kurzen Pfad. Manchen Anhängern dieses Systems erscheinen die tantrischen Methoden als umständlich und lästig. Zu einer Zeit, als ich auch noch dieser Ansicht war, sprach ich einmal mit einem meiner tibetischen Lehrer darüber. Er gab mir ungefähr folgende Antwort:

»Der Barmherzige Buddha erkannte, daß seine Lehren für Menschen auf verschiedenen Stufen der Selbstverwirklichung und mit verschiedenen Neigungen tauglich sein müssen und bediente sich selbst geeigneter Mittel, wenn die, denen er predigte, von unterschiedlicher Auffassungsgabe waren. Sie sprechen von der chinesischen Ch'an-Sekte, als ob es einen wesentlichen Unterschied zwischen ihrer Praxis und unserer eigenen gäbe. Aber wir haben innerhalb des Vajrayana ebenfalls Methoden, die keiner Unterstützung von außen bedürfen, da sie sich von Anfang bis Ende auf geistiger Ebene vollziehen. Wenn Sie ohne Unterstützung auskommen, um so besser. Sie sollten sich dann auf die Mahamudra-Praxis konzentrieren, bei der Sie nur still an einem einsamen Ort zu sitzen brauchen und nicht einmal ein Abbild des Gesegneten Sie ablenkt. Fühlen Sie sich wirklich in der Lage, diesen hohen Pfad ohne Hilfe zu betreten?«

Das ist natürlich der springende Punkt. Viele Menschen schätzen Zen wegen seiner scheinbaren Einfachheit, aber *erfolgreiche* Zen-Praxis ist seltener, als gemeinhin angenommen wird. Was mich selbst angeht, so habe ich festgestellt, daß meine Begabung für Zen recht dürftig ist. Ich kenne aber auch Leute, denen die tantrischen Methoden nicht liegen. Offensichtlich ergänzen die beiden »Kurzen Pfade« einander in der Weise, daß sie jeweils Menschen mit anderen Anlagen ansprechen.

Vajrayana ist so vielgestaltig und farbenfroh wie der Berg Wu-t'ai selbst. Beginnend mit dem festen Entschluß, *Bodhicitta* zu erlangen, wird man weiter über verschiedene Pfade geführt, je nach den Fähigkeiten des Adepten. An einem bestimmten Punkt werden festliegende Praktiken aufgegeben, und die bislang verbindlichen Regeln gelten nicht mehr. Die Leidenschaften und Wünsche des Adepten sind überwunden. Von nun an kann er sich nach Belieben in jenen glückseligen Zustand der Einheit mit dem Ursprung versetzen, in dem er wahrnimmt, daß sich das ganze Universum gleichsam im Innern seines Schädels dreht – das Große vollkommen im Kleinen enthalten, genau wie im Hua-Yen-Sutra beschrieben.

Adepten, die nicht mit der eisernen Entschlossenheit begabt sind, die zum Erreichen des Ziels in diesem Leben notwendig ist, müssen ihre bösen karmischen Neigungen so weit zu verringern suchen, daß sie sich die Wiedergeburt in einer Umwelt sichern, die der Fortsetzung der Suche förderlich ist. Wer nur bescheidene Fortschritte machen will, braucht nicht zu tantrischen Mitteln zu greifen, um seinem weniger beschwerlichen Pfad folgen zu können. Manche entscheiden sich aber für die Meditationstechniken der niedrigeren Tantras, zu denen weder körperliche Yogas noch besonders schwierige Übungen anderer Art gehören. Worauf man jedoch nie verzichten darf, ist der Vorsatz, *Bodhicitta* zu erzeugen, und dazu ist es notwendig, eine mehr oder weniger tantrische Geisteshaltung zu pflegen. Dazu gehören: die Entschlossenheit, alle Umstände, die einem begegnen, als Mittel zur Förderung des spirituellen Fortschritts zu betrachten, die Anwendung der Doktrin von der Leere als Mittel zur Überwindung der Hindernisse, die einem beständig das eigene Ich in den Weg stellt, die Anerkennung des Geistes als einzige Realität und ein Leben gemäß dem tantrischen Gebot, *alle Wesen als Buddhas zu sehen, alle Geräusche als Mantras zu hören und alle Orte als Nirwana zu betrachten.* (Wie man dieses Gebot im täglichen Leben befolgen kann, wird im Schlußkapitel erläutert.)

Die Wirksamkeit so exotischer Hilfsmittel wie Mantras, Mudras, Mandalas und so weiter, ist nur bestimmten Menschen ohne weiteres einsichtig – denen, die sie in der Praxis selbst erfahren haben, die in einer Umgebung aufgewachsen sind, wo derlei Dinge für selbstverständlich gelten, und solchen Menschen, die es einem anderen ansehen, wenn er auf dem Weg zur Verwirklichung schon weit fortgeschritten ist. Zu dieser dritten Kategorie gehören diejenigen westlichen Menschen, die sich angesichts der Weisheit und Vergeistigung der Lamas, bei denen sie studieren, von der Wirksamkeit der tantrischen Methoden überzeugen lassen, die einen wichtigen Bestandteil der eigenen Kultmethoden der Lamas bilden. Wundergläubigkeit spielt dabei keine Rolle. Man könnte eher einen Vergleich mit einem hochqualifizierten Arzt ziehen, der seine Leistungen seiner vortrefflichen Ausbildung und seinen Erfahrungen verdankt, die er sich erst als Medizinstudent und später im Lauf seiner Praxis angeeignet hat. Dennoch ist die Anwendung von Mantras und Mudras unserer Erfahrung so fremd, daß sich die meisten von uns gewisser Zweifel nicht erwehren können, wenn sie nicht sogar den Fehler machen, das alles für Humbug zu halten. Viele meinen, sie würden sich gewiß überzeugen lassen, wenn sie nur einmal Gelegenheit bekämen, mit eigenen Augen die Wirkung der außerordentlichen Kräfte zu beobachten, die man durch tantrische Mittel erlangt. Leider läßt sich das nur selten einrichten. Man stößt entweder durch Zufall auf einen solch überzeugenden Beweis, oder, und dies ist häufiger der Fall, man bekommt ihn nie zu sehen. Tantrische Yogis, denen die übernatürlichen Kräfte, die in ihnen aufsteigen, eher als hinderlich denn als nützlich erscheinen, meiden solche Schaustellungen, außer in ganz seltenen Ausnahmefällen. Hinderlich sind sie aus zweierlei Gründen: Erstens können solche Kräfte sehr leicht zum Anlaß eines falschen Stolzes werden, da sie ja die Bewunderung (und manchmal den Neid) Nichteingeweihter erregen, und zweitens sind sie geeignet, der Lehre neue Anhänger zu gewinnen, aber aus den falschen Gründen. Wer nämlich Tantra in der Hoffnung studiert, übernatürlicher Kräfte teilhaftig zu werden, versinkt nur noch tiefer in der Selbsttäuschung und vergeudet damit nur seine Zeit und die kostbare Zeit seines Lamas. Es gibt allerdings eine Kraft dieser Art, die jedem, der oft Umgang mit fortgeschrittenen Adepten hat, schon nach kurzer Zeit augenfällig wird. Das ist die Gabe der Telepathie, die sich nicht nur rasch und relativ mühelos als grundlegendes Nebenprodukt tantrischer Praxis entwickelt, sondern auch so schwer zu verbergen ist wie die Fähigkeit zu sehen, zu hören oder zu lesen.

Da meine Leser wohl enttäuscht wären, wenn ich überhaupt kein Beispiel für die Wirksamkeit tantrischer Methoden, die selbst Skeptiker überzeugen müßten, anführen würde, will ich jetzt abschweifen und einen ganz bestimmten Yoga-Effekt beschreiben. Dieser, obwohl nach tantrischen Maßstäben beinahe alltäglich, entzieht sich wahrscheinlich einer wissenschaftlich-medizinischen Erklärung, ist aber dennoch innerhalb weniger Tage durch relativ einfache Übungen zu erreichen. Auf den ersten Blick ist er dem Phänomen der Stigmatisierung nicht unähnlich, kann aber nicht auf dieselbe Weise medizinisch gedeutet werden, weil hierbei der Aufbau einer intensiven emotionalen Spannung keine Rolle spielt. Wenn man deshalb, wie ich hoffe, nicht an der Wahrhaftigkeit von mir und meiner Informantin zweifelt, wird man mir sicher bestätigen, daß es sich dabei um einen recht erstaunlichen Effekt handelt.

Es ist eine Geschichte von einer Engländerin und zwei Kanadierinnen, die einen Yoga praktizierten, der als *powa* bekannt ist. Es ist ein Geheim-Yoga, aber da bereits mehrfach in englischer Sprache darüber berichtet wurde, darf ich wohl guten Gewissens als Vorspiel zu meiner Anekdote das Prinzip dieses Yogas erläutern. Vereinfacht gesagt geht es bei *powa* darum, daß im Augenblick des Todes das Bewußtsein den Körper durch eine besondere Öffnung auf der Oberseite des Kopfes verläßt und in eine Buddha-Figur eintritt, die als dicht über dem Kopf sitzend gesehen

wird, anstatt durch die normalen Öffnungen zu entwei-
chen. Durch dieses Kunststück sowie eine gewisse Verbildlichung und die ihr vorausgehenden Vorbereitungen
bewahrt sich der Sterbende vor einer der weniger erstre-
benswerten (weil spirituell sterilen) Arten der Wiedergeburt. Wie die meisten Yogas, seien sie nun chinesischer
oder indischer Herkunft, steht *powa* in innigem Zusammenhang mit der zentralen »Ader« (psychischer Kanal),
die von einer Stelle am unteren Ende des Rückgrats bis zu
einem Punkt verläuft, der sehr nahe an der höchsten Stelle
des Kopfes liegt. Die Praxis besteht im wesentlichen darin,
daß man sich die Gestalt von Amitayus Buddha unmittelbar
über dem eigenen Kopf vorstellt und auf geistigem Wege
ein kleines Objekt im eigenen Körper erschafft, das kraft
des Bewußtseins durch die zentrale Ader aufwärts und mit
Hilfe der mantrischen Keimsilbe HRIK zum Scheitelpunkt
des Kopfes getrieben wird, wo sich sodann, wenn die
Übung eine gewisse Zeitlang in vorgeschriebener Weise
ausgeführt wurde, eine winzige Öffnung auftut, die im
Augenblick des Todes die bewußte Funktion übernimmt.
Powa ist jedoch gefährlich und verkürzt das Leben des
Adepten, wenn er nichts zum Ausgleich unternimmt.

Aber nun zu meiner Geschichte. Daheim in England las
ich einmal als Jüngling in einem der Bücher von Alexandra
David-Neel einen Bericht von tibetischen *powa*-Adepten,
die nach erfolgreicher Absolvierung einer kurzen Übungs-
zeit vor ihre Lamas traten, jeder mit einem langen Halm
kusa-Gras in der frisch aufgesprungenen Öffnung im Kopf.
Wie man sich vorstellen kann, sagte ich mir damals, daß
dies bloßer Schwindel sei und daß die Adepten sich die
Verletzungen mit einem Nagel oder einem anderen spitzen
Instrument beigebracht hätten, wahrscheinlich um den Lamas und den anderen Schülern zu imponieren. Etliche

Jahre später jedoch, als ich schon in China lebte, las ich in einer Zeitung einen Bericht über einen großen Ritus, der in einem Tempel irgendwo im Innern Chinas abgehalten worden war. Ich glaube, es war in Nanking. Dabei seien ein paar Dutzend chinesische Schüler aufgetreten, die bei einem zu Besuch weilenden mongolischen Lama studiert hatten. Sie hatten *kusa*-Grashalme in »magisch entstandenen« Öffnungen in ihren Schädeln, um zu zeigen, daß sie *powa* beherrschten. Damals wußte ich bereits, daß tantrische Methoden noch viel erstaunlichere physische Wirkungen hervorrufen können. Trotzdem hatte ich meine Zweifel, denn die chinesischen Schüler hatten sich anscheinend alle nicht der langwierigen und mühseligen Übung unterzogen, die im Vajrayana bei fast allen Arten von Yoga-Übungen vorgeschrieben sind. Doch das Ereignis hatte mein Interesse geweckt und sich meinem Gedächtnis eingeprägt.

Vor ein paar Wochen nun bekam ich Besuch von einer sehr guten Freundin, einer Engländerin um die dreißig, die während der letzten zehn Jahre als tibetische Nonne gelebt hatte und nach Hongkong reiste, um dort die chinesischen Bhiksuni-Weihen zu empfangen. Geistig ungewöhnlich regsam, voll Bescheidenheit bezüglich ihrer eigenen Errungenschaften, neigte sie grundsätzlich dazu, die Wunder, die sie während ihres langjährigen Aufenthalts unter tibetischen Yogis erlebte, als unwichtig darzustellen. Sie dachte nicht im entferntesten daran, mir übertriebene Geschichten oder ein Lügenmärchen aufzutischen, nur um Eindruck zu machen. Ganz beiläufig und ohne auch nur zu merken, wie ungewöhnlich ihre Schilderung anmuten mußte, gab sie mir folgenden Bericht über die *powa*-Praxis. Wir wollen sie Ani-la nennen — das ist im Tibetischen ein Ehrentitel für Nonnen.

Als Ani-las Mutter sie in einer jener tibetischen Siedlungen besuchte, die sich in die indischen Vorgebirge des Himalaja schmiegen, ließ sie sich überreden, an einer *powa*-Übung teilzunehmen. Ani-la selbst war auf einem anderen Pfad und durfte deshalb die Übung nicht mitmachen, mußte aber jedesmal als Dolmetscherin zugegen sein, wenn ihre Mutter sich von ihrem Lama unterweisen ließ. Die Mutter brauchte nicht mehr zu tun, als jeden Morgen und jeden Abend etwa eine Stunde lang bestimmte *powa*-Verbildlichungen zu vollziehen. Aber schon nach ein paar Tagen entschloß sie sich, nicht mehr weiterzumachen, weil sie über das Auftreten seltsamer physischer Empfindungen auf der Oberseite ihres Kopfes beunruhigt war. Auch Ani-la selbst machte sich Sorgen, weil sich bei ihr, lediglich als Folge des Nachdenkens über die Worte des Lamas während des Dolmetschens, ähnliche Symptome einstellten: Es wurde ihr abwechselnd eiskalt und heiß, und am Kopf traten starkes Jucken und zeitweise regelrechte Schmerzen auf. Ein- oder zweimal mußte sie sogar ein anderer Lama, der ebenfalls zugegen war, scharf zurechtweisen, daß sie hier sei, um zu dolmetschen, und nicht, um an der *powa*-Übung teilzunehmen. Es hat den Anschein, daß der Lama-Lehrer das mantrische HRIK im geeigneten Moment selbst hervorstieß und daß diese Silbe, mit seiner Kraft aufgeladen, diese eigenartige und rasche Wirkung auslöste.

Kurz nachdem die alte Dame mit den Übungen aufgehört hatte, begannen zwei Kanadierinnen unter demselben Lama, und schon nach vier oder fünf Tagen bildeten sich die erwarteten winzigen Öffnungen am Kopf, aus denen ein wenig Blut und Lymphe austrat. Obwohl man einen derart raschen Erfolg den geistigen Kräften des Lehrers zuschreiben kann, versicherte mir Ani-la, daß bei den meisten Lehrern auch sonst ein bis zwei Wochen ausreichen, um einen ähnlichen Effekt hervorzurufen.

Vielleicht sollte in Anbetracht der gewaltigen Vajrayana-Übungen eine solch triviale Geschichte nicht so ausführlich wiedergegeben werden. Ich habe es dennoch getan, um ein anschauliches Beispiel für die Macht des Geistes über die Materie anzuführen, denn darum dreht sich in gewissem Sinne der ganze Mahayana-Buddhismus. Wären Geist und Materie voneinander getrennt, wie unsere Wissenschaftler noch bis vor kurzem annahmen, so könnte man alles mystische Streben von Anbeginn der Geschichte bis zur Gegenwart als müßigen Zeitvertreib abtun und die ehrwürdigen mystischen Traditionen des Ostens und Westens für so wertlos erachten wie die Träume eines Schwachsinnigen. Wenn dagegen der individuelle Geist als eine Emanation des Einen Geistes und die Materie als nicht mehr und nicht weniger als die Reflexion des Einen Geistes erkannt werden, dann geht einem auf, wie wundervoll, wie kostbar die Geheimnisse sind, die von jenen bewahrt und weitergegeben wurden, die wirklich die Erfahrung der mystischen Einheit zwischen dem individuellen und dem Einen Geist gemacht haben. Derlei Geheimnisse kann man nicht mit Worten ergründen – sie müssen gelebt werden! Keine Beschreibung, und gälte sie auch Wundern, die zehntausendmal wunderbarer wären als das oben geschilderte, keine Vorführung übernatürlicher Kräfte, keine direkte Begegnung mit Wesen, die auf dem Pfad schon weit vorangekommen sind, vermöchte mehr als eine bloße Ahnung davon zu vermitteln, was sich hinter dem äußeren Schein verbirgt. Ein Skeptiker wird sich genauso schwer von der illusorischen Natur der Materie überzeugen lassen wie ein alter seefahrender Wikinger von der Kugelgestalt der Erde. Beide Erkenntnisse gleichen sich darin, daß sie der unmittelbaren Erfahrung unserer Sinne widersprechen. Die Sinne gelten oft als Prüfstein der Wahrheit, obwohl sie aus der Finsternis urzeitlicher Trugbilder heraus in Erscheinung treten. Argumente führen nirgends hin. Die Einsicht muß aus dem Innersten des Geistes kommen.

Die Eingebungen der Intuition werden unfehlbar jedem zuteil, der sie sucht, aber ihre Stimme ist nur in der Stille vernehmbar. Stille des Geistes, nicht unbedingt äußere, akustische Stille. Im Gegenteil, es gibt sogar Töne, die der plötzlichen Versetzung des Bewußtseins aus einem Zustand der Blindheit in einen solchen von sanftem, innerem Glanz im höchsten Grade förderlich sind – die Musik der Wellen, das Zirpen einer Zikade, das Tosen eines Gebirgsbaches, das Heulen des Windes, das Dröhnen der *rardangs* der Lamas, das dumpfe Geräusch von Trommeln und das Rasseln der Becken, der Klang von Silber oder Jade oder tausend andere Geräusche, die von den Elementen verursacht oder durch rhythmisches Anschlagen natürlicher Stoffe wie Metall, Holz oder Stein hervorgerufen werden. Es gibt auch sichtbare Dinge und Gerüche, denen diese Macht eignet. Aber das wirksamste Mittel von allen ist ein Zustand des Geistes – das strahlende inhaltslose Bewußtsein, das »Sehen, ohne zu sehen« und »Hören, ohne zu hören«. Diese innere Wahrnehmung ist das kostbarste, denn alles, was von außen wahrgenommen wird, ist durch die gestörten Sinne so verzerrt, daß seine Istheit oft verlorengeht. Hingegen strömt aus den innersten Winkeln des Geistes ungehindert das Licht.

Alle Pfade, ob kurz oder lang, die je zur Annäherung an die mystische Wahrnehmung – Selbstverwirklichung, glückselige Vereinigung – ersonnen wurden, sind nur Abwandlungen des Pfades, der, aus dem Nichts kommend und ins Nichts führend, *innen* beginnt und endet. Daß

Vajrayana höchst wirksame Wegweiser für diesen Pfad bereithält, läßt sich an den Eigenschaften seiner begabten Anhänger ablesen – ihrer tiefen Vergeistigung, ihrer Aufrichtigkeit, ihrer Herzenswärme und ihrer heiteren Gelassenheit auch im Angesicht bitterster Not. Diejenigen, die sich durch Reiseberichte oder (wie es bei mir der Fall war) durch die Fremdartigkeit der tantrischen Symbole zu der irrigen Annahme verleiten ließen, Vajrayana sei eine dekadente Form spirituellen Strebens, brauchen nur einigen seiner hervorragenden Vertreter zu begegnen, um sich von der Erhabenheit dieser Lehre und Praxis zu überzeugen.

8

Rezepte gegen die
Unzufriedenheit?

Angesichts der Aufnahme, die Ch'an (Zen) und in jüngerer
Zeit auch der tantrische Buddhismus im Westen gefunden
haben, erscheint es möglich, daß es den entwurzelten fernöstlichen mystischen Traditionen bestimmt ist, jenseits der
Meere zu neuer Blüte zu gelangen. Die Umstände mögen
einer kräftigen Blüte nicht gerade zuträglich sein. Viele der
Schößlinge werden womöglich bald wieder zugrunde gehen, aber da und dort werden sie vielleicht Wurzeln
schlagen und sich an den ungewohnten Boden anpassen.
Viel wird davon abhängen, ob die erste Generation, die
diese Übertragung empfängt (von Mittlern wie den wenigen chinesischen Mönchen, die heute in den Vereinigten
Staaten lehren, oder den Gemeinschaften tibetischer Lamas, die im Vorgebirge des Himalaja Fuß gefaßt haben),
mehr als nur einen Hauch des Gebotenen annehmen und
so viele Anhänger von Format gewinnen kann, daß der
Fortbestand der neuen Richtung gesichert ist. Es liegt nämlich in der Natur der mystischen Überlieferungen, daß man
sie nicht aus Büchern lernen kann. So kostbar die heiligen
Schriften auch sein mögen, das Weiterleben solcher Überlieferungen hängt von der mündlichen Lehre ab. Diese
kann nur von Menschen erteilt werden, die schon ein gutes
Stück des Weges zur Selbstverwirklichung zurückgelegt
haben.

Noch vor einigen Jahrzehnten wäre selbst vorsichtiger
Optimismus fehl am Platz gewesen. Nachdem der abend-

ländische Geist fast zwei Jahrtausende lang vom Bild eines Vatergottes beherrscht war, hatte er nun ein unpersönliches, utopisches Bild an dessen Stelle gesetzt, dessen Glanz aber nun schon verblaßt ist. Kapitalisten wie Kommunisten waren gleichermaßen überzeugt, daß der Weg zu allgemeinem Glück und Wohlstand sich nur dem erschließt, der vorwärts und *nach außen* blickt, und daß wir dank der Naturwissenschaften schon beinahe eine wohlhabende Gesellschaft begründet hätten, die alle sozialen und materiellen Wünsche erfüllen und somit Zufriedenheit würde garantieren können. Diese Träume haben sich mittlerweile zerschlagen. Die Ausbeutung der Naturschätze zur Bereicherung des Menschen hat verheerende Folgen für die Umwelt, die tragische Kluft zwischen den reichen und den armen Völkern wird immer breiter, und wie eh und je hängt das Damoklesschwert des Krieges über der Welt. Die größte Enttäuschung aber ist, daß selbst in den reichen Ländern, deren Bürger einen hohen Grad an sozialer Sicherheit genießen, Glück und Zufriedenheit nach wie vor Seltenheitswert haben! Unter diesen beunruhigenden Umständen sehen die Menschen allmählich ein, wie wenig aussichtsreich der materialistische Weg zum Glück ist, und mancher suchende Geist hat begonnen, sich mit dem Wort des Mystikers: »Schau nach innen!« auseinanderzusetzen.

Unlängst sprach mein fünfundzwanzigjähriger Sohn davon, wie sehr er sich wünschte, »alles hinzuschmeißen«. Auf die Frage, ob er unglücklich sei, erwiderte er: »Was heißt Glück? Wir in unserer Generation kriegen genug bezahlt. Das reicht für Essen, Kleidung und Miete, und man hat dann noch genug übrig, um einen alten Wagen zu fahren und ab und zu auf die Pauke zu hauen. Aber die meisten von uns haben langweilige Routinejobs, kommen zum Abendessen heim, sehen ein bißchen fern oder gehen vielleicht mit ein paar Freunden einen trinken und fallen dann ins Bett – und damit hat sich's auch schon fast. Und wenn man älter wird, ändert sich auch nicht viel, außer daß man mehr Geld und mehr Verantwortung bekommt. Es stimmt natürlich, daß man keine Not leidet und nicht ums nackte Leben kämpfen muß, aber ist das Schuften für Termine und Maschinen das schöne Leben, das wir uns als Kinder gewünscht haben? Ist das wirklich alles?«

Nun, die Mystik hält natürlich auch keine Patentrezepte gegen die Mißstände unserer modernen Welt bereit. Armut von so tragischen Ausmaßen, wie sie beispielsweise in Indien oder Bangladesch herrscht, erfordert kollektives Handeln im größten Stil, ebenso die erschreckend rasch fortschreitende Zerstörung der Umwelt. Langeweile und Unzufriedenheit trotz materiellem Wohlstand sind jedoch das Problem des einzelnen, und hier könnte man die alten mystischen Überlieferungen nach einer Lösung befragen. Bevor ich mich dazu weiter äußere, möchte ich aber zwei Dinge klarstellen; erstens, daß mir jede missionarische Absicht fernliegt und ich niemals die pauschale Übernahme von Traditionen befürworten würde, die dem Westen noch immer weitgehend fremd sind, und zweitens, daß die Heilmittel, an die ich denke, in jedem Fall nur für bestimmte einzelne Menschen in Frage kommen, da sie so ausgesprochen persönlicher Natur sind, daß jeder, der sie akzeptiert, verpflichtet ist, etwas Einschneidendes für sich selbst zu tun, was ihm weder Gott noch andere Menschen abnehmen können.

Ratsuchenden wie meinem Sohn würde ich sagen: »Denken Sie daran, daß der Geist König ist. Aus dem Geist wird Frustration geboren; nur der Geist kann zu einem glücklichen, sinnvollen Leben verhelfen.« Da die wenigsten dieser Ratsuchenden die Anlage zum Mystiker haben dürften, würde ich zunächst eine geistige Haltung empfehlen, die man wohl als taoistisch bezeichnen kann. So viel läßt sich erreichen, ohne daß man Mühen auf sich nehmen muß, wie man sie von den Adepten des Kurzes Pfades verlangt, die aus ihrer inneren Sehnsucht nach Glückseligkeit heraus bereit sind, große Opfer zu bringen. Der Erfolg wäre sogar fast mühelos zu erreichen, denn alles würde sich im Geiste des *wu-wei* vollziehen.

Erzwungene Sklavenarbeit ist heutzutage selten. Vielmehr nehmen die Leute freiwillig die Knechtschaft auf sich, weil sie auf Wohlstand und Ansehen erpicht sind, obgleich dieser Ehrgeiz vielleicht weniger auf Habgier beruht, als auf der Annahme, daß etwas, was die meisten Menschen haben wollen, sehr begehrenswert sein müsse. Um zu Wohlstand zu gelangen, rackern sich Leute, die schon längst keine Not mehr leiden, ihr Leben lang ab, und sie machen sich nicht klar, daß sie nicht ärmer, sondern augenblicklich reicher würden, wenn sie von heute an nicht mehr an diesem Wettrennen teilnähmen. Man kann doch wohl jeden, der die Mittel besitzt, um sich all seine materiellen Wünsche zu erfüllen, als wohlhabend bezeichnen. Daraus folgt, daß abgesehen von den wirklich Armen Wohlstand über Nacht erreicht werden kann, nämlich durch eine veränderte geistige Haltung, die den Wünschen Grenzen setzt. Lao-tse hat es so ausgedrückt: »Der Genügsame hat immer genug.« Das ist ein Prinzip, das die heutige Gesellschaft völlig aus den Augen verloren hat. Gebannt wie das Kaninchen von der Schlange lassen wir uns von selbsternannten Zeremonienmeistern vorschreiben, wie lang unsere Röcke und wie weit unsere Hosenbeine sein sollen, lassen uns dazu verleiten, Jahr für Jahr unnötig unsere Garderobe zu ergänzen, anstatt uns mit Kleidern zu begnügen, die bequem sind und uns selbst gefallen. Das ist wahrhaftig Sklaverei – freiwillige Unterwerfung unter das Diktat von Produzenten und Werbefachleuten, deren zynische Absicht es ist, uns zum Kauf von Gütern zu verführen, die für unser Wohlergehen absolut unnötig sind. Für jene Unglücklichen, die wirkliche Not leiden, ist Abhilfe ganz anderer Art vonnöten. Was aber die übrigen angeht, so würde sie der Entschluß, dem Streben nach Wohlstand und Ansehen zu entsagen und sich statt dessen die Freiheit, sie selbst zu sein, als Ziel zu setzen, im Augenblick der Verwirklichung mit einem Schlage reich machen – seelisch, geistig und in einem sehr wichtigen Sinn auch materiell. All die Kraft und Zeit, die bisher darauf verwendet wurde, mit den anderen Schritt zu halten, würde für konstruktive Zwecke frei werden. Übrigens ist das Ansehen, das zweite Ziel des hektischen Konkurrenzkampfes, in noch höherem Maße ein Scheingewinn als der Wohlstand, weil die Befriedigung, die es gewährt, immer nur relativ ist. So hoch man auch steigt, es gibt stets andere, die noch höher sind, und, wie Lao-tse sagte: »Wer auf den Zehen steht, steht nicht fest.« Hingegen verschafft einem die Gleichgültigkeit gegenüber Prestige und der Meinung der anderen eine Erleichterung, die keine Grenzen kennt.

Was für wunderbare Menschen waren die alten taoistischen Weisen! Es war nicht bloß eine Redensart, daß man sie wolkenbewohnende Unsterbliche nannte, denn das Gefühl des Freiseins, das sich einstellt, wenn man dem Ehrgeiz entsagt, seinen Grundsätzen treu bleibt, ohne sich darum zu scheren, was andere denken, und lernt, alles mit Gleichmut hinzunehmen, was das Leben oder der Tod bringen mögen, ist ein so berauschendes Getränk, daß diejenigen, die davon getrunken haben, in einen solchen Glückstaumel geraten, als seien Sonne, Mond und Sterne ihr Spielzeug. Von der Angst erlöst, genießen sie eine Schwerelosigkeit des Geistes, die in der Tat der Gewichtslosigkeit ähnelt, die der Körper haben müßte, um in den Wolken ruhen zu können.

Solch beglückende Seelenruhe könnte sich als wirksames Heilmittel gegen die Unzufriedenheit erweisen. Diejenigen, die noch weiter gehen möchten, sollten ebenfalls mit diesem Schritt beginnen, denn die Freiheit des Geistes, die durch Anspruchslosigkeit errungen wird, ist unerläßlich für den Erfolg in dem schwierigen Unterfangen, zu intuitiver Weisheit zu gelangen.

Der zweite Schritt

Das Hauptziel der tantrischen Praxis besteht darin, daß der Adept lernt, die Energie aller Dinge – guter, schlechter und neutraler – für die Aufgabe der Selbstverwirklichung einzuspannen. Als ich vor nun bald zwanzig Jahren begann, den tantrischen Buddhismus ernsthaft zu studieren, ging ich zuerst zu einem mongolischen Geshe (hochqualifizierter Interpret des Dharma), der seinen Unterricht damit begann, daß er mir die tiefere Bedeutung der folgenden Passage erklärte: »Sieh alle Geschöpfe als den Buddha! Höre alle Töne als Mantra! Erkenne in allen Orten das Nirwana!« Diese Worte sind viel mehr als nur fromme Gebote der Mahayana-Lehre, denn sie führen zu einer tantrischen Lebensauffassung, durch die zahlreiche Wunder vollbracht werden können. Diese Einstellung würde ich Ratsuchenden wie meinem Sohn an zweiter Stelle empfehlen, und zwar unabhängig davon, ob sie Buddhisten sind oder nicht. Zum Teil mag die Übung dieser geistigen Haltung auf den unteren Stufen wie Spiegelfechterei anmuten. Das heißt, solange man sich noch auf der Ebene der relativen Wahrheit befindet und die göttliche Erkenntnis noch nicht erlangt hat, die jeden Dualismus (z. B. zwischen Buddhas und gewöhnlichen Wesen, zwischen angenehmen und mißtönenden Klängen, zwischen schön und häßlich anzuschauenden Dingen) negiert, versucht man sich so zu verhalten, *als ob* man dieser Erkenntnis bereits teilhaftig wäre. Damit wird eine geistige Disziplin bezweckt, die es einem sehr erleichtert, diese Erfahrung zu erlangen. Hätte in dem Märchen die Prinzessin gewußt, daß es sich bei dem schrecklichen Ungeheuer um einen schönen jungen Prinzen handelte, der nur vorübergehend verwandelt worden war, und hätte sie gelernt, sich ihn so vorzustellen, wie er wirklich war, so wäre ihre Liebe zu ihm rascher erblüht, und sie hätte sich schon früher zu dem Kuß entschlossen, durch den er seine ursprüngliche Gestalt wiederbekam.

»Sieh alle Geschöpfe als Buddhas«, bezieht sich sowohl auf die Fähigkeit zur Erleuchtung (Buddhaschaft), die jedes Geschöpf besitzt (vgl. den christlichen Ausdruck »der innere Christus«), als auch, und dies ist im vorliegenden Zusammenhang noch wichtiger, auf den Zustand der absoluten Wahrheit, in dem es keine Unterscheidung zwischen dem individuellen und dem Einen Geist, zwischen Verblendung und Weisheit mehr gibt. In der Praxis bedeutet das: Man soll alle Geschöpfe so verehren und heilig halten, und seien manche von ihnen noch so grotesk oder monströs – genau wie man das wunscherfüllende Kleinod schätzt, ob es sich nun in einer Elfenbeinfassung oder in einem Misthaufen befindet –, daß man jedes Fünkchen von Verachtung, Bosheit, Haß und Grausamkeit in sich abtötet. Keiner, der sich aufrichtig dieser Praxis widmet, könnte anderen wissentlich ein Leid zufügen, Unterschiede zwischen ihnen setzen oder ihnen Sympathie, Mitleid oder jede andere Hilfe versagen, soweit sie in seinen Kräften steht. Natürlich ist es leichter, über diese Einstellung zu reden, als sie zu erwerben – lebenslange Gewohnheiten und Vorurteile lassen sich nicht so leicht überwinden –, aber schon allein der Vorsatz, alle Geschöpfe als heilig anzusehen, macht einen zu einem gütigeren und toleranteren Menschen. Und wer es mit dieser Praxis noch weiter bringt, dessen Charakter ändert sich von Grund auf. Häßliche und perverse Eigenschaften schwinden zusehends dahin.

»Höre alle Töne als Mantras«, also als heilig, bezieht sich ebenfalls auf die Lehre, daß die Erscheinungen in ihrem absoluten Zustand jenseits der Dualität stehen, und daraus folgt, daß Unterscheidungen wie »mißtönend« und »melodisch« illusorisch sind. Die Praxis ist vergleichsweise einfach. Man lernt, »mißtönende« Geräusche als »melodisch« zu hören, und zwar in einem ähnlichen Prozeß wie bei dem Kinderspiel, bei dem man sich Bilder im Feuer vorstellt. Schon bald kann man in seiner Vorstellung den nächtlichen Verkehrslärm als ein zwar genauso lautes, nun aber angenehmes Geräusch empfinden wie das Tosen der Brandung an einer Felsenküste. Der unmittelbare Nutzen besteht vor allem für Stadtbewohner darin, daß eine der schlimmsten Belästigungen unseres heutigen Lebens ausgeschaltet wird. Eine weitere Folge und der eigentliche Zweck jedoch ist, zunehmend Einsicht in die allen Dingen innewohnende Heiligkeit zu gewinnen.

»Erkenne in allen Orten das Nirwana« ist ein Gebot,

die Dinge so wahrzunehmen, wie sie wirklich sind. Da die zahllosen vergänglichen Formen alle einen Aspekt der undifferenzierten Leere enthalten, gibt es kein *Verlassen* des Reichs der Form, kein Eintreten ins Nirwana, sondern lediglich eine Reinigung des Geistes, die zur direkten Wahrnehmung dessen führt, was von Anfang an immer gewesen ist. »Hingehen« löst sich auf in das Bewußtsein dessen, »was hier ist«. In der Praxis ist diese Aufgabe die leichteste von allen dreien. Sie ist (im anfänglichen Stadium) damit zu vergleichen, daß man in den Eisblumen am Fenster oder in der Maserung einer Holzfläche schöne Figuren zu erkennen trachtet, daß man durch Willensanstrengung im weiten Blick über ein Gebirge die visuelle Vorstellung von einem Blick übers Meer heraufbeschwört oder Wolken als Berge und Berge als Wolken sieht. Schon bald gelingt es einem, Schönheit auch in der scheinbar häßlichsten Umgebung zu entdecken – in öden Hinterhöfen oder verrußten Ziegelmauern. Mist nimmt die Schönheit von Bernstein an, Speichel wird als etwas erkannt, was mit dem heiligen Wesen der Leere begabt ist. Es geht nicht darum, sich eine falsche Art der Sinneswahrnehmung anzugewöhnen, sondern darum, den Geist und die Sinne darin zu schulen, die Schönheit und Heiligkeit von allem, was ist, zu erkennen. Als ich einmal mit dem Auto unterwegs war, sah ich etwas, was ich für leuchtend rote Blüten an fernen Bäumen hielt, um beim Näherkommen festzustellen, daß es sich in Wirklichkeit um ein paar ganz gewöhnliche Bäume handelte, die von einem rot gestrichenen Wellblechzaun umgeben waren. Was ich zunächst für wunderschön angesehen hatte, war nun auf einmal ausgesprochen häßlich, und doch hatte sich nichts geändert außer meiner Art zu sehen. Dieses Erlebnis machte mir klar, daß Schönheit und Häßlichkeit nur in unserer Vorstellung existieren.

Eine tantrische Grundhaltung, so weit sie auch noch von intuitiver Weisheit entfernt sein mag, führt zur lebhaften Wahrnehmung der Vollkommenheit, von der die Welt der Form durchdrungen ist. Würde jemand wie mein Sohn so weit kommen, könnte er sich schon damit begnügen, in diesem beglückenden Zustand zu verharren, aber wahrscheinlich würde er das dringende Verlangen haben, noch weiter zu gehen. Diejenigen, die spüren, daß die Verwirklichung unmittelbar bevorsteht, stellen sie sich manchmal als ein göttliches Wesen, manchmal als einen göttlichen Zustand vor. Entscheidend ist aber nicht, ob man sie sich als Gott oder als das Tao vorstellt, sondern daß man ihrer Existenz gewiß ist. Diese Gewißheit wird in der Mahayana-Terminologie als »Glaube« bezeichnet. Aber der Glaube an eine nicht definierte höchste Vollkommenheit ist etwas ganz anderes als der Glaube, der sich auf einen bestimmten Begriff und Namen und nichts anderes bezieht, sei er nun Allah oder Jehova. Buddhisten werden davor gewarnt, die intuitive Erkenntnis begrifflich zu untersuchen. Zu allen Versuchen, sie zu definieren, sagt der Buddhist immer nur: »Nicht doch, nicht doch, nicht doch«. Auch die Taoisten sind der Ansicht, daß alles, was sich mit Worten wiedergeben läßt, nicht das Ewige Tao ist.

Der dritte Schritt

Alle diejenigen, die noch weiter gehen möchten, müssen eine solche Geisteshaltung mit kontemplativer Übung begleiten. Das Ahnen, daß etwas unendlich Heiliges alles Wahrnehmbare durchzieht, weckt ein Verlangen nach klarer, direkter Schau dieser höchsten Wirklichkeit. Um sie zu erlangen, muß man sich nach und nach vom Ichbewußtsein lösen. Wo immer noch die Vorstellung vom »Ich« und »Es« (»Er«), vom »Selbst« und den »Anderen« lebt, dort treibt noch die Dualität – dieser König der Dämonen – ihr Unwesen. Der endliche Geist muß sich darauf konzentrieren, seine Einheit mit dem Einen Geist zu erkennen. Das ist ein schwieriges Unterfangen, denn das scheinbar existierende »Ich« ist zwar nur eine Vorspiegelung des dualistischen Denkens, dennoch aber mächtig genug, um verbissen um die fortdauernde Anerkennung als »das wahre Ich« zu kämpfen. Zum anspruchslosen Leben und der Beherrschung unmäßiger Begierden muß jetzt strenge Disziplin hinzutreten. Es ist ein gefährlicher Irrtum anzunehmen, daß der Adept auf dieser Stufe alle Verhaltensregeln mit der Begründung vergessen dürfe, daß Gut und Böse in Wahrheit gar nicht existieren, da es dualistische Begriffe sind, oder daß man der Leidenschaft freien Lauf lassen müsse, um sie zu überwinden. Obwohl beide Behauptungen zutreffen, gehören sie ins Reich der absoluten Wahrheit und gelten deshalb nur für Adepten, die nach langjähriger erfolgreicher Praxis im anspruchslosen Leben über die Stufe des Reagierens auf ichbezogene Wünsche hinausgelangt sind. Würden Menschen, die es noch nicht so weit gebracht haben, auf Selbstdisziplin verzichten, so würde die kontemplative Praxis mit Sicherheit im Mißerfolg enden. Der große Wert, den buddhistische Meditationslehrer auf die Notwendigkeit der Selbstbeschränkung legen, kann natürlich manchen Anfänger abschrecken, der vielleicht ausrufen möchte: »Was Sie predigen, ist in seiner Freudlosigkeit reiner Calvinismus!« Aber das ist eine verkehrte und oberflächliche Ansicht. Freude, die keinen Schaden anrichtet, wird nicht als sündig betrachtet. Wenn Adepten auf dem Kurzen Pfad auf bestimmte Vergnügungen verzichten, so sind diese Einschränkungen denen zu vergleichen, die ein Sportler im Training auf sich nimmt. Wer sich mutig ein hohes Ziel setzt, willigt aus freien Stücken in eine Lebensweise ein, wie sie für normale Menschen nicht notwendig ist. Überdies sind die Freuden, denen sie entsagen, nichts im Vergleich zu denen, die sie zu erringen hoffen.

Genau wie intensive Meditation, die nicht von einer besonderen Disziplin im Lebenswandel begleitet ist, mit Sicherheit vergebliche Mühe wäre, so wäre es auch töricht, sich ihr zu widmen, ohne zugleich die Barmherzigkeit zu pflegen – das sicherste Gegengift gegen die Unterscheidung zwischen dem »Selbst« und dem »Anderen«. Eigenschaften wie Anspruchslosigkeit, Zurückhaltung und überströmende Barmherzigkeit stehen im Widerspruch zu dem, was man gemeinhin als die Natur des Menschen bezeichnet, aber sie stehen voll im Einklang mit unserer *wahren* Natur, die, wie wir beim Meditieren sehr bald merken, überhaupt nicht »uns gehört«. Was die Frage angeht, welche Methode der Meditation vorzuziehen sei und ob sie von einem körperlichen Yoga begleitet sein solle, oder ob man sie durch eine andere Methode wie die Konzentration auf eine heilige Formel ersetzen solle, so hängt die Antwort ganz von den Neigungen und Anlagen des einzelnen ab. Für manche ist eine ganz auf Andachtsübungen ausgerichtete Methode die beste, für andere kommen eher die Ch'an(Zen)-Methoden in Frage und für wieder andere ein eher verstandesmäßiger Ansatz wie der der Sekte vom Reinen Bewußtsein. Nur ein sehr guter Meditationslehrer, der mit Charakter und Begabungen seines Schülers vertraut ist, kann in dieser Frage Ratschläge erteilen. In allen Fällen ist für diese direkte Wahrnehmung der Realität – die Krone mystischer Erfahrung – unerschütterliche Hingabe notwendig, was hohe Anforderungen an den Adepten stellt.

Nach meinen Beobachtungen sind Menschen aus dem Westen fast durchweg einer Gefahr ausgesetzt, die bei Asiaten kaum eine Rolle spielt. Ob nun aus einer Überbetonung des Intellekts heraus oder aus Abneigung vor Haltungen, die sie an die Religion ihrer Kindheit erinnern, neigen sie allesamt dazu, Andachtsübungen geringzuschätzen. Doch tiefe und aufrichtige Andacht, Ehrfurcht, Unterwerfung ist von entscheidender Bedeutung. Obwohl sich eine Form des Buddhismus, die auf Andachtsübungen verzichtet, auf Ch'an(Zen)-Texte beruft, bezweifle ich, daß es irgendwo im Fernen Osten Ch'an(Zen)-Tempel gibt, in denen nicht vor Statuen der Buddhas und des Weisheits-Bodhisattvas Manjusri Opfer gebracht werden. Gleichgültig, welche vorläufige Vorstellung vom Höchsten man hat, ob man sich dieses als göttliches Wesen, göttlichen Zustand oder göttlichen Seinszustand vorstellt, ohne Ehrfurcht und Demut geht es auf keinen Fall. Sonst würde nämlich der Meditierende mit Sicherheit der irrtümlichen Auffassung verfallen, die sich in Gedanken wie »Ich bin so weit fortgeschritten« oder »Ich habe diesen oder jenen Zustand erreicht« äußert. Damit wäre augenblicklich jeder Fortschritt durch den Selbstbetrug des »Ich« zunichte gemacht. Bei aller Bedeutung, die man in der Ch'an(Zen)-Meditation der »Ich-Kraft« beimißt, fragen chinesische und japanische Adepten doch kaum jemals nach der Identität von »Ich-Kraft« und »Anderer Kraft«, da ja »innen« und »außen« im Zusammenhang mit dem das Räumliche transzendierenden Geist sinnlos sind.

Ich beherzige vor allem den Rat eines meiner tibetischen Lehrer, der mir einmal zu der Frage, welche Übungen für verschiedene Grade der Erkenntnis und der Selbstverwirklichung geeignet seien, folgendes sagte: »Manche beginnen damit, daß sie ein äußeres Objekt wie eine für sich selbst existierende Gottheit verehren. Sodann werden sie darin unterwiesen, sich den Gegenstand ihrer Verehrung in ihrem Herzen vorzustellen, um danach zu der Erkenntnis zu gelangen, daß das Selbst und das Objekt identisch sind. Und schließlich werden alle Begriffe aufgegeben. Aber auf welcher Ebene Sie auch üben, Sie werden alle Übungen schätzen lernen; denn in jeder zeigt sich ein Aspekt der Wahrheit, auf den zu verzichten unklug wäre.«

Ebenso werden in Tempeln der Ch'an-Sekte, obwohl die Meditation auf der »Ich-Kraft« aufbaut, täglich Andachtsriten abgehalten, damit die Meditierenden nicht das rechte Maß verlieren, was gefährliche Folgen haben könnte. Obwohl man sich völlig darüber im klaren ist, daß die himmlischen Buddhas und Bodhisattvas Personifikationen verschiedener Attribute der Weisheit sind, die aus dem Reinen Geist strömt, werden sie in den rituellen Übungen wie Gottheiten behandelt. Sie als getrennt vom eigenen individuellen Geist zu betrachten, der auch der Eine Geist ist, wäre Verblendung. Dennoch aber kann man sie nicht als bloße Märchengestalten abtun wie den Weihnachtsmann. Auf der Ebene der relativen Wahrheit existieren die Wesenheiten, deren Personifikation sie sind. Den Einwand, daß die Verehrung göttlicher Wesen stets ein Element falschen Scheins enthalte, kann man auch auf andere Weise entkräften. In einem Universum, in dem nichts als Geist existiert, sind alle Begriffe und alle Gegenstände letztlich leerer Schein. Was nur gedacht, geträumt oder in Visionen geschaut wird, ist deshalb nicht weniger real als das, was objektiv wahrgenommen wird.

Wenn ein christlicher Mystiker im andächtigen Gebet oder in der Meditation eine Antwort des Göttlichen erfährt, wenn ein Anhänger des Reinen Landes die Gegenwart des Amitabha oder der Kuan-yin spürt und wenn ein

Ch'an-Anhänger beim Meditieren spürt, wie der Eine Geist auf den individuellen Geist reagiert, dann werden meiner Ansicht nach alle drei von derselben Erfahrung ergriffen. Dennoch würde es nichts nützen, wenn sie ihre Methoden austauschten, weil jeder von ihnen nur darin geübt ist, das Unbegreifliche auf seine Art zu begreifen. Sobald aber intuitive Weisheit in ihren Geist einzieht, können sie über diese Unterschiede nur noch lachen.

Der Grund, weshalb die Methoden der »Anderen Kraft« wirksamer sind, erscheint mir in manchen Fällen recht einfach, obwohl er nicht unbedingt leicht zu erklären ist. Für die in Ch'an-Klöstern gelehrte Methode der »Ich-Kraft« ist ein gewisser Grad an Anstrengung nötig. Natürlich erfordert jede Meditation in gewissem Sinne Anstrengung, da man ja einen bestimmten Weg verfolgt, um ein Ziel zu erreichen. In einem anderen Sinne muß sie jedoch mühelos vonstatten gehen. Der Geist darf nicht strapaziert werden. Bei der Meditation auf der Grundlage der Anderen Kraft ist es leichter, auf gewaltsame Anstrengung zu verzichten. Der Adept sagt sich: »Hör auf, dich abzumühen! Du selber kannst nichts für dich tun. Sei einfach nur still und aufmerksam.« Mit der Stille zieht gewissermaßen etwas ein, jedoch nicht ehe man neben der Anstrengung auch den Wunsch nach Selbstverwirklichung aufgegeben hat, denn dieser Wunsch (oder sein negatives Gegenstück, die Angst vor dem Scheitern) schafft eine Unruhe, die der vollkommenen Stille des Geistes abträglich ist. Es tut mir leid, wenn ich mich nicht verständlich gemacht habe, aber ich weiß nicht, wie man es besser ausdrücken könnte. Eines ist sicher: Was manche als ein individuelles, einmaliges Wesen (Gott) ansehen, andere als ein himmlisches Wesen nach ihrer eigenen Wahl oder der ihres Lehrers und wieder andere als überhaupt kein Wesen, ist in allen drei Fällen dasselbe.

Ich bezweifle, daß es dort, wo es um den Pfad des Mystikers geht, wirklich von Belang ist, ob der Adept sich zu der einen oder anderen Religion bekennt, obwohl der Buddhismus und der Taoismus den Vorteil haben, daß sie nicht nur *offen* den Vorrang der mystischen Erfahrung verkünden, sondern auch sehr wirksame Methoden zu ihrer Erlangung entwickelt haben. Ich hoffe, daß diese recht persönlich gehaltene Darstellung einiger Aspekte der chinesischen und tibetischen Mystik für Menschen vieler verschiedener Bekenntnisse interessant sein wird. Es dürfte nämlich nicht schwerfallen, die kontemplativen Methoden jeder Lehre anzupassen, um so mehr, als von einem bestimmten Punkt an doktrinäre Unterschiede jede Bedeutung verlieren.

Obwohl der »Weg« beschwerlich ist und diejenigen, die ihn einschlagen, manchmal von Anfechtungen heimgesucht werden – Langeweile, Frustration, sinnlichem Verlangen, Entmutigung, Verzweiflung –, ist das Ziel unaussprechlich erhaben. Es genügt, einen einzigen Blick von ihm zu erhaschen, um diese Anfechtungen so lange zu unterdrücken, daß man neuen Mut schöpfen kann, ihnen zu widerstehen. Von den vielen Namen, die dem Namenlosen gegeben werden, ist mir der taoistische Ausdruck Tao oder »Weg« der liebste, einfach deshalb, weil er auf keinen bestimmten Glauben, keine bestimmte Vorstellungswelt hinweist. Möge es Sucher des Weges geben, solange das Universum besteht, und mögen sie glücklich sein in der Gewißheit, daß sie zu einer Schar von Menschen gehören, die mit ihrer Barmherzigkeit seit Anbeginn der Geschichte ein wenig Licht in diese zerrissene Welt gebracht haben!

Kleines Glossar

Es sind nur die Fremdworte angeführt, deren Bedeutung aus dem jeweiligen Kontext nicht hervorgeht:

Bodhicitta »Erleuchteter Geist« mit den Kennzeichen höchster Weisheit und Barmherzigkeit.

Bodhisattva(s) 1. Wesen, die in die Nähe der Buddhaschaft gelangt sind; 2. Personifikationen oder Verkörperungen mit transzendenten Eigenschaften.

Buddha(s) 1. Wesen, die aus ihrem menschlichen Zustand erleuchtet wurden; 2. Verkörperungen verschiedener Aspekte von Weisheit – Barmherzigkeit – Kraft, die von manchen für wirkliche Wesenheiten, von anderen für Symbole der durch sie verkörperten Eigenschaften gehalten werden.

Ch'an In Japan *Zen* genannt. Name einer Sekte und zugleich einer Methode zur Selbstverwirklichung. Sie betont »Ich-Kraft« im Unterschied zu »Andere Kraft«.

Dakini Weiblicher Partner (Gattin) im Tantrismus.

Dharani Ein Mantra oder eine Sakralformel in schriftlicher Form.

Dharma Die Lehre des Buddha, auch: universales Gesetz.

dharma(s) Flüchtige Lebenspartikel; winzige Funken von Kraft; auch: jedes Phänomen.

hua-t'ou	Eine Rätselfrage, die intuitiv zu lösen ist, in Japan *koan* genannt.
kaoliang	Getreide, gröber als Mais.
Kargyupa	Eine tibetische Sekte, die sich durch Meditation und Askese auszeichnet.
karma	Die Kette von Ursache und Wirkung; jede Tätigkeit, die durch Gedanken, Wort und Tat in Gang gesetzt wird und zur Wiedergeburt führt.
koan	Siehe *hua-t'ou*.
kung-an	Sehr ähnlich wie *hua-t'ou* oder *koan*.
lama	1. Umgangssprachlich: ein tibetischer Mönch; 2. Richtige Bedeutung: tibetischer Ausdruck für einen Mönch oder jeden in der buddhistischen Religion bewanderten *Laien*.
Mahayana	Die in allen buddhistischen Ländern außer Südostasien vorherrschende Schule des Buddhismus. Seine Lehren beruhen auf der Sanskrit-Fassung des buddhistischen Kanons.
mantra	Ein Wort der Macht, eine heilige Formel.
mudra	Eine Geste der Macht, eine heilige Geste.
Nirwana	Der endgültige Seinszustand nach der Erleuchtung. Er entzieht sich der Beschreibung, so daß man in dem Sinne, den diese Worte für gewöhnlich haben, nicht sagen kann, er existiere oder existiere nicht. Er gilt jedoch als ein Zustand der Glückseligkeit.
radang	Ein ungeheuer langes tibetisches Horn.
samadhi	Ein gesammelter, auf einen Punkt konzentrierter Bewußtseinszustand, frei von sinnlicher Wahrnehmung.
samsara	Das Gegenteil von Nirwana. Das Universum, wie es von gewöhnlichen, unverwirklichten Lebewesen wahrgenommen wird; ein in sich unbefriedigender Bewußtseinszustand.

Sakyamuni Buddha	Der Gründer des Buddhismus, Gautama Buddha.
Sunyata	Die Große Leere, eine Bezeichnung der höchsten Wirklichkeit.
tantra	Ein System geistiger Schulung, das alle Lebensumstände benützt, um Selbstverwirklichung zu erlangen.
Tao	Der Weg, ein chinesischer Ausdruck für höchste Wirklichkeit oder Seinsgrund; die Mutter, das Behältnis und die wahre »Substanz« des Universums.
Tathagata(s)	Der Also-Gekommene, ein Titel des Buddha (oder: der Buddhas).
Theravada	Auch als Hinayana bekannt. Die in Südostasien vorherrschende Schule des Buddhismus. Seine Lehren sind in Pali abgefaßt (Pali-Kanon).
vajra	Eine harte Substanz oder Gegenstand, der die Unzerstörbarkeit des Dharma symbolisiert.
Vajrayana	Die in der Mongolei und in Tibet vorherrschende tantrische Schule des Buddhismus.
wu-wei	Ein taoistischer Ausdruck mit der wörtlichen Bedeutung von »Nicht-Tun«. Tatsächlich ist ein Tun gemeint, das spontan und ohne Berechnung geschieht.
yinyang	Oder *Yin-Yang*. Ein chinesisches Symbol, das den negativen und positiven (weiblichen und männlichen) Aspekt aller Erscheinungen symbolisiert.
Zen	Der japanische Ausdruck für Ch'an.

GOLDMANN VERLAG

Esoterik

ESOTERIK

Dr. Joseph
MURPHY
LEBEN IN HARMONIE

Der Kosmos:
Die unversiegbare
Quelle Ihrer Kraft

11751

ESOTERIK

JOHN BLOFELD
Selbstheilung durch die Kraft der Stille

Leicht erlernbare Übungen zur
Erlangung von körperlicher
Gesundheit, psychischer Stabilität
und Kreativität mit Hilfe
altbewährter östlicher Medi-
tationsmethoden

11752

ESOTERIK

Jiddu Krishnamurti
Fragen und Antworten und sein Gespräch mit Prof. David Bohm über das Erwachen der Intelligenz

11753

ESOTERIK

SATPREM
DER MENSCH HINTER DEM MENSCHEN

Ein Mann auf der Suche nach
den letzten Geheimnis der
menschlichen Existenz –
die Erfahrung einer inneren
Entwicklung.
Mit einem Vorwort von Georg
Stefan Troller

11754

ESOTERIK

Dr. Joseph
MURPHY
Die kosmische Dimension Ihrer Kraft

Positives Denken im Einklang
mit dem Universum des Geistes

11755

ESOTERIK

JOAN HALIFAX
Die andere Wirklichkeit der Schamanen

Erfahrungsberichte von
Magiern, Medizinmännern
und Visionären.
Die Wiederentdeckung uralten
Wissens von den Kräften
der Natur.

11756

ESOTERIK

Kurt
ALLGEIER
Du hast schon einmal gelebt

Wiedergeburt?
Erinnerungen in der
Hypnose

11717

ESOTERIK

Thorwald
DETHLEFSEN
Das Leben nach dem Leben

Gespräche mit
Wiedergeborenen

11748

**GRENZWISSENSCHAFTEN
ESOTERIK**

ERHARD F.
FREITAG
Kraftzentrale Unterbewußtsein

Der Weg zum positiven Denken
Mit einem Vorwort
von Dr. Joseph Murphy

11740

ALAN WATTS

Alan Watts wurde 1915 in England geboren. Er war Professor für Theologie und Rektor an der Amerikanischen Akademie für Asiatische Studien. Ausgedehnte Studienreisen nach Japan ließen Alan Watts als einen der umfassendsten Kenner und Interpreten des Zen-Buddhismus im speziellen und in der indischen und chinesischen Philosophie im allgemeinen bekannt werden. In weiten Kreisen gilt er als einer der schöpferischsten und geistreichsten Denker dieses Jahrhunderts. Die neunbändige Serie enthält die Essenz von Vorträgen, die Watts in seinen letzten Lebensjahren gehalten hat. Bis Januar '85 erscheint monatlich ein Band.

„Das Fazit eines faszinierenden Lebens, das den Autor in der ganzen Welt berühmt gemacht hat. Diese Bücher zeigen, mit welchem Engagement Watts die Probleme seiner Zeit aufgriff und sie, stellvertretend für viele, in seinem eigenen Leben austrug." (Washington Post)

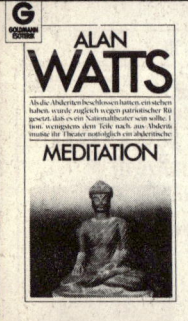

11790

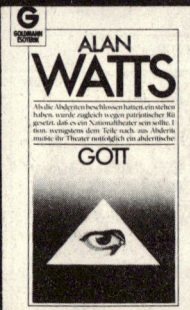

11791

11792

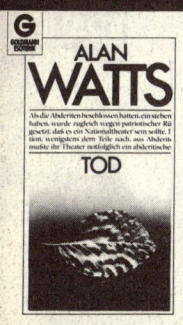

14001

14002

14004

14005

14006

14007

NEW AGE
MODELLE FÜR MORGEN

14008

14010

14012

14013

14014

GOLDMANN VERLAG